中国摩托车年鉴

MOTORCYCLE YEARBOOK 2025版

CCCM 中国摩托车商会　**摩托车**　《摩托车》杂志　编著

人民邮电出版社

北京

图书在版编目（CIP）数据

中国摩托车年鉴：2025版 / 中国摩托车商会，《摩
托车》杂志编著. -- 北京：人民邮电出版社，2025.

ISBN 978-7-115-67003-8

Ⅰ. U483-54

中国国家版本馆 CIP 数据核字第 2025R74K57 号

内 容 提 要

《中国摩托车年鉴 2025 版》是由中国摩托车商会与《摩托车》杂志共同编写的一本权威的摩托车车型介绍图书。

本书收录了 2023-2025 年间中国市场热销的娱乐型摩托车，涵盖电动化、智能化等新兴品类，并附有详细的参数说明。本书旨在全面展示中国摩托车行业在技术创新、市场拓展等方面的最新发展成果，帮助摩托车爱好者了解各排量级别娱乐型摩托车产品的前沿信息。此外，本书还可以为摩托车爱好者对比摩托车产品配置，选购正规渠道售卖的车型，以及关注中国摩托车行业发展动态提供有益的帮助。

本书可供摩托车爱好者阅读、参考、收藏。

声明

由于出版过程中市场情况及品牌公布信息可能发生变化，本书所刊载的车型名称、外观样式、参数及参考价格可能与实际存在差异，请各位读者留意最新的信息及售价。

◆ 编　　著　　中国摩托车商会　《摩托车》杂志
　　责任编辑　　黄汉兵
　　责任印制　　马振武

◆ 人民邮电出版社出版发行　　北京市丰台区成寿寺路 11 号
　　邮编　100164　　电子邮件　315@ptpress.com.cn
　　网址　https://www.ptpress.com.cn
　　北京盛通印刷股份有限公司印刷

◆ 开本：889×1194　1/16
　　印张：13.75　　　　　　　　　　2025 年 5 月第 1 版
　　字数：458 千字　　　　　　　　2025 年 5 月北京第 1 次印刷

定价：129.80 元

读者服务热线：(010)53913866　印装质量热线：(010)81055316
反盗版热线：(010)81055315

前言

近年来，中国摩托车行业在技术创新、产业升级和市场拓展等方面取得了显著进展。电动化、智能化和环保化已成为行业发展的重要趋势。同时，随着消费者对高品质、高性能摩托车需求的增加，以及国家政策的支持，中国摩托车行业正迎来前所未有的发展机遇。《中国摩托车年鉴2025版》旨在全面记录和分析2023—2025年中国摩托车行业的发展历程和未来趋势，为行业研究和企业发展提供有价值的参考。

1. 技术创新与产业升级

近年来，中国摩托车行业在技术创新方面取得了显著成果。企业不断加大研发投入，推动新能源、智能化等前沿技术的应用。5G物联网技术的发展推动摩托车制造技术升级，智能化摩托车具备智能导航、车载娱乐等功能，提供更便捷、安全的出行体验。此外，智能化技术如自适应巡航、车道保持辅助、紧急制动等驾驶辅助系统也逐渐应用于摩托车领域，提高了行车的安全性和便利性。

2. 消费者需求的变化

随着消费者对高品质生活的追求不断提升，大排量摩托车市场正在逐步扩大。兼具高性能与社交属性的高端车型需求持续释放，特别是在年轻消费群体中，骑行文化逐渐形成并受到追捧。这种消费趋势的变化促使摩托车企业更加注重品牌建设和产品创新，以满足消费者的多样化需求。

3. 电动化摩托车产品的发展现状

电动摩托车作为新能源汽车的一部分，受到了国家政策的扶持和消费者的青睐。近年来，我国电动摩托车市场呈现出快速增长态势。数据显示，2024年电动摩托车的产销量均有显著提升，成为行业增长的新亮点。随着环保意识的增强和新能源汽车政策的推进，电动摩托车的市场份额预计将进一步扩大。

《中国摩托车年鉴2025版》由中国摩托车商会和《摩托车》杂志共同编著，是一本具有权威性和参考价值的工具书。其出版的意义在于以下几点。

1. 行业信息集成

本书收录了2023—2025年间中国市场销售的主要娱乐型摩托车产品的详细参数和图片，为读者提供了全面的信息来源。这些数据不仅有助于了解当前市场的车型分布和技术特点，也为未来的产品研发和市场预测提供了重要依据。

2. 趋势分析与预测

通过对近三年的市场数据进行分析，本书能够揭示行业的发展规律和趋势。例如，从排量结构上看，250mL以上大排量摩托车的市场份额逐年上升，反映出消费者对高性能摩托车的需求增加。这些趋势呈现有助于企业和投资者把握市场动态，制定合理的战略。

3. 收藏价值

自1999年以来，《中国摩托车年鉴》已经连续出版了多个版本，每一版都承载着特定时期的记忆和历史。对于摩托车爱好者和收藏家来说，《中国摩托车年鉴2025版》不仅是一本工具书，更是一件具有纪念意义的收藏品。它见证了中国摩托车行业的发展历程和技术进步。

《中国摩托车年鉴2025版》汇集了众多知名品牌和专家的智慧，通过详细的参数详解和技术分析，促进了行业内的技术交流与合作。这不仅有助于提升整个行业的技术水平，也为企业间的合作提供了平台。

对于摩托车企业来说，《中国摩托车年鉴2025版》提供了丰富的市场信息和数据分析，帮助企业了解市场整体发展趋势，制定更加科学的市场策略和产品研发计划。

作为一本权威的行业年鉴，《中国摩托车年鉴2025版》的出版对于推动整个摩托车行业的发展具有重要意义。它不仅记录了行业的发展历程，也为未来的发展方向提供了指引。通过不断的技术创新和市场拓展，中国摩托车行业有望在全球市场中占据更加重要的地位。

总之，《中国摩托车年鉴2025版》是一部具有重要价值的工具书，不仅为行业研究和企业发展提供了宝贵的资料，也为摩托车爱好者带来了更多的知识和乐趣。相信在未来的日子里，本书将在中国摩托车行业的发展中发挥更加重要的作用。

中国摩托车商会常务副会长

李彬

CONTENTS
目录

DOMESTIC MOTORCYCLE
国产车型篇

DOMESTIC MOTORCYCLE
国产车型篇

ELECTRIC MOTORCYCLE
电动车型篇

国产车型篇
DOMESTIC MOTORCYCLE

贝纳利

Tornado 552R

发动机型式: 并列双缸/水冷

排量: 549mL

缸径×冲程: 70.5mm×70.3mm

压缩比: 11.5：1

最大功率: 45kW（8 500r/min）

最大扭矩: 55N·m（6 000r/min）

车架型式: 钢管型

外形尺寸（长×宽×高）: 2 090mm×770mm×
1 155mm

轴距: 1 420mm

最小离地间隙: 140mm

悬挂系统:（前）Marzocchi倒立式前叉
（后）单减震器

制动系统:（前）双盘制动/Brembo对向四活塞
卡钳/ABS
（后）单盘制动/Brembo卡钳/ABS

轮胎规格:（前）120/70 ZR17
（后）160/60 ZR17

座高: 790mm

整备质量: 186kg

燃油箱容积: 16.5L

参考售价: 32 800元

Tornado 402

发动机型式: 并列双缸/水冷

排量: 399mL

缸径×冲程: 70.5mm×51.2mm

压缩比: 11.5：1

最大功率: 35kW（10 000r/min）

最大扭矩: 38N·m（8 000r/min）

车架型式: 钢管型

外形尺寸（长×宽×高）: 2 030mm×750mm×
1 150mm

轴距: 1 380mm

最小离地间隙: 135mm

悬挂系统:（前）Marzocchi倒立式前叉
（后）单减震器

制动系统:（前）直径300mm双盘制动/Nissin卡
钳/ABS
（后）直径240mm单盘制动/Nissin卡钳/
ABS

轮胎规格:（前）110/70 R17
（后）150/60 R17

座高: 785mm

整备质量: 172kg

燃油箱容积: 14.8L

参考售价: 31 800元

TRK 552X 越野版

发动机型式: 并列双缸/水冷/DOHC/4气门

排量: 550mL

缸径×冲程: 71mm×70.5mm

最大功率: 45kW(8 500r/min)

最大扭矩: 55N·m(6 000r/min)

车架型式: 钢管编织型

外形尺寸(长×宽×高): 2 300mm×940mm×
1 360mm

轴距: 1 500mm

最小离地间隙: 200mm

悬挂系统: (前)Marzocchi倒立式前叉
(后)单减震器

制动系统: (前)直径320mm双盘制动/西互对向
四活塞卡钳/ABS
(后)直径260mm单盘制动/西互双活塞
卡钳/ABS

轮胎规格: (前)110/80 R19
(后)150/70 R17

座高: 825mm

整备质量: 246kg

燃油箱容积: 20L

参考售价: 36 680元

TRK 702X

发动机型式: 并列双缸/水冷/DOHC/4气门

排量: 693mL

缸径×冲程: 83mm×64mm

压缩比: 11.6∶1

最大功率: 56kW(8 500r/min)

最大扭矩: 68.2N·m(6 250r/min)

车架型式: 钢管编织型

外形尺寸(长×宽×高): 2 330mm×940mm×
1 395mm

轴距: 1 500mm

最小离地间隙: 210mm

悬挂系统: (前)倒立式前叉
(后)单减震器

制动系统: (前)双盘制动/ABS
(后)单盘制动/ABS

轮胎规格: (前)110/80 R19
(后)150/70 R17

座高: 825mm

整备质量: 220kg

燃油箱容积: 20L

参考售价: 50 800元

贝纳利

902S

发动机型式: 并列双缸/水冷/4气门

排量: 904mL

最大功率: 77kW（9 000r/min）

最大扭矩: 90N·m（6 500r/min）

车架型式: 钢管编织型

外形尺寸（长×宽×高）: 2 130mm×800mm× 1 110mm

轴距: 1 460mm

悬挂系统:（前）Marzocchi倒立式前叉
（后）单减震器

制动系统:（前）直径320mm双盘制动/Brembo
对向四活塞卡钳/ABS
（后）直径260mm单盘制动/Brembo
单活塞卡钳/ABS

轮胎规格:（前）120/70 ZR17
（后）180/55 ZR17

座高: 810mm

整备质量: 220kg

燃油箱容积: 14.5L

参考售价: 39 800元

TNT600i

发动机型式: 并列四缸/水冷

排量: 600mL

缸径×冲程: 65mm×45.2mm

压缩比: 11.5:1

最大功率: 60kW（11 000r/min）

最大扭矩: 55N·m（8 000r/min）

车架型式: 钢管编织型

外形尺寸（长×宽×高）: 2 140mm×800mm× 1 100mm

轴距: 1 480mm

最小离地间隙: 170mm

悬挂系统:（前）Marzocchi倒立式前叉
（后）KYB单减震器

制动系统:（前）直径320mm双盘制动/Brembo
对向四活塞卡钳/ABS
（后）直径260mm单盘制动/双活塞卡钳/
ABS

轮胎规格:（前）120/70 ZR17
（后）180/55 ZR17

座高: 800mm

整备质量: 233kg

燃油箱容积: 15L

参考售价: 52 800元

Leoncino 500 Trail

发动机型式: 并列双缸/水冷/DOHC/4气门

排量: 500mL

缸径×冲程: 69mm×66.8mm

压缩比: 11.5:1

最大功率: 35kW (8 500r/min)

最大扭矩: 45N·m (5 000r/min)

车架型式: 钢管型

外形尺寸(长×宽×高): 2 160mm×875mm×
　　　　　　　　　　 1 160mm

轴距: 1 460mm

最小离地间隙: 190mm

悬挂系统: (前)倒立式前叉
　　　　　 (后)单减震器/预载可调

制动系统: (前)直径320mm双盘制动/ABS
　　　　　 (后)直径260mm单盘制动/ABS

轮胎规格: (前)110/80 R19
　　　　　 (后)150/70 R17

座高: 840mm

净质量: 207kg

燃油箱容积: 12.7L

参考售价: 43 800元

Leoncino 800

发动机型式: 并列双缸/水冷/DOHC/4气门

排量: 799mL

最大功率: 71kW (9 000r/min)

最大扭矩: 79N·m (7 700r/min)

车架型式: 钢管型

外形尺寸(长×宽×高): 2 140mm×855mm×
　　　　　　　　　　 1 170mm

轴距: 1 460mm

最小离地间隙: 160mm

悬挂系统: (前)KYB倒立式前叉
　　　　　 (后)KYB单减震器/预载可调

制动系统: (前)直径320mm双盘制动/ABS
　　　　　 (后)直径260mm单盘制动/ABS

轮胎规格: (前)120/70 R17
　　　　　 (后)180/55 R17

座高: 800mm

净质量: 217kg

燃油箱容积: 15L

参考售价: 39 800元

贝纳利

Leoncino Bob 402

发动机型式: V型双缸/水冷

排量: 385mL

压缩比: 11.8 : 1

最大功率: 26kW（8 000r/min）

最大扭矩: 36N·m（4 500r/min）

车架型式: 钢管型

外形尺寸（长×宽×高）: 2 170mm×800mm× 1 090mm

轴距: 1 520mm

悬挂系统:（前）倒立式前叉
（后）双减震器

制动系统:（前）盘式制动/ABS
（后）盘式制动/ABS

轮胎规格:（前）130/90-16
（后）150/80-15

座高: 700mm

整备质量: 170kg

燃油箱容积: 15L

参考售价: 23 800元

Leoncino Bob 252

发动机型式: V型双缸/水冷

排量: 249mL

压缩比: 11.8 : 1

最大功率: 20.7kW（9 000r/min）

最大扭矩: 23.5N·m（8 000r/min）

车架型式: 钢管型

外形尺寸（长×宽×高）: 2 100mm×800mm× 1 090mm

轴距: 1 400mm

悬挂系统:（前）倒立式前叉
（后）双减震器

制动系统:（前）直径280mm盘式制动/ABS
（后）直径240mm盘式制动/ABS

轮胎规格:（前）120/80-16
（后）150/80-15

座高: 700mm

净质量: 164kg

燃油箱容积: 15L

参考售价: 17 800元

Django EVO

发动机型式: 单缸/水冷/四冲程

排量: 150 mL

缸径×冲程: 57.4mm×57.8mm

压缩比: 12（±0.6）:1

最大功率: 10.6 kW/（8 500r/min）

最大扭矩: 13.5N·m/（6 500r/min）

车架型式: 钢管型

外形尺寸（长×宽×高）: 1 950mm×760mm× 1 130mm

轴距: 1 380mm

最小离地间隙: 135mm

悬挂系统: （前）正立式前叉
（后）单减震器

制动系统: （前）盘式制动/ABS
（后）盘式制动/ABS

轮胎规格: （前）110/70 R12
（后）120/70 R12

座高: 778mm

整备质量: 141kg

燃油箱容积: 7.9L

参考售价: 22 800元

标致摩托

Django Classic CafeRacer

发动机型式: 单缸/水冷/四冲程

排量: 150 mL

缸径×冲程: 57.4mm×57.8mm

压缩比: 11(±0.2)∶1

最大功率: 9.3 kW (7 500r/min)

最大扭矩: 13.2N·m (6 000r/min)

车架型式: 钢管型

外形尺寸(长×宽×高): 1 925mm×710mm× 1 190mm

轴距: 1 350mm

最小离地间隙: 105mm

悬挂系统: (前)正立式前叉
(后)单减震器

制动系统: (前)盘式制动/ABS
(后)盘式制动/ABS

轮胎规格: (前)120/70-12
(后)120/70-12

座高: 780mm

整备质量: 135kg

燃油箱容积: 8.5L

参考售价: 20 800元

Django TT

发动机型式: 单缸/水冷/四冲程

排量: 150 mL

缸径×冲程: 57.4mm×57.8mm

压缩比: 11(±0.2)∶1

最大功率: 9.3 kW (7 500r/min)

最大扭矩: 13.2N·m (6 000r/min)

车架型式: 钢管型

外形尺寸(长×宽×高): 1 925mm×710mm× 1 190mm

轴距: 1 350mm

最小离地间隙: 105mm

悬挂系统: (前)正立式前叉
(后)单减震器

制动系统: (前)盘式制动/ABS
(后)盘式制动/ABS

轮胎规格: (前)120/70-12
(后)120/70-12

座高: 780mm

整备质量: 135kg

燃油箱容积: 8.5L

参考售价: 20 800元

SPEEDFIGHT 4+

发动机型式: 单缸/水冷/四冲程

排量: 150 mL

缸径×冲程: 57.4mm×57.8mm

压缩比: 11(±0.2):1

最大功率: 9.3 kW(7 500r/min)

最大扭矩: 13.2N·m(5 500r/min)

车架型式: 钢管型

外形尺寸(长×宽×高): 1 908mm×715mm×
1 135mm

轴距: 1 319mm

最小离地间隙: 136mm

悬挂系统: (前)正立式前叉
(后)单减震器

制动系统: (前)盘式制动/ABS
(后)盘式制动/ABS

轮胎规格: (前)130/60-13
(后)130/60-13

座高: 800mm

整备质量: 125kg

燃油箱容积: 7.4L

参考售价: 13 800元

标致摩托

XP400 GT

发动机型式: 单缸/水冷/四冲程

排量: 400 mL

缸径×冲程: 84mm×72mm

压缩比: 11.8:1

最大功率: 26.5kW (8 150r/min)

最大扭矩: 38.1N·m (5 400r/min)

车架型式: 钢管编织型

外形尺寸 (长×宽×高): 2 220mm×875mm×
1 365mm

轴距: 1 545mm

最小离地间隙: 136mm

悬挂系统: (前) 直径41mm KYB倒立式前叉
(后) 侧置减震器

制动系统: (前) 直径295mm双盘制动/对向四活
塞卡钳/ABS
(后) 直径240mm单盘制动/ABS

轮胎规格: (前) 110/70-17
(后) 160/60-15

座高: 815mm

整备质量: 231kg

燃油箱容积: 13.5L

参考售价: 59 800元

1250TR-G

发动机型式：V型双缸/水冷

排量：1 279mL

缸径×冲程：108mm×69.8mm

压缩比：12.5 : 1

最大功率：105kW（8 500r/min）

最大扭矩：120N·m（7 000r/min）

车架型式：钢管型

外形尺寸（长×宽×高）：2 271mm×982mm× 1 516mm

轴距：1 482mm

最小离地间隙：140mm

悬挂系统：（前）Marzocchi倒立式前叉

（后）Marzocchi单减震器

制动系统：（前）直径320mm双盘制动/Brembo 对向四活塞卡钳/ABS

（后）直径270mm单盘制动/Brembo 对向双活塞卡钳/ABS

轮胎规格：（前）120/70 ZR 17

（后）190/55 ZR 17

座高：820mm

整备质量：304kg

燃油箱容积：23L

参考售价：109 980元

675SR-R

发动机型式：并列三缸/水冷/DOHC

排量：675mL

缸径×冲程：72mm×55.2mm

压缩比：11.5 : 1

最大功率：70kW（11 000r/min）

最大扭矩：70N·m（8 250r/min）

车架型式：钢管型

外形尺寸（长×宽×高）：2 020mm×728mm× 1 105mm

轴距：1 400mm

最小离地间隙：140mm

悬挂系统：（前）KYB 直径41mm倒立式前叉

（后）KYB单减震器

制动系统：（前）直径300mm双盘制动/西互对向 四活塞卡钳/ABS

（后）直径240mm单盘制动/单活塞卡钳/ ABS

轮胎规格：（前）120/70 R17

（后）180/55 R17

座高：810mm

整备质量：195kg

燃油箱容积：15L

参考售价：41 580元

春风

800MT-X 加高版

发动机型式: 并列双缸/水冷

排量: 799mL

缸径×冲程: 88.0mm×65.7mm

压缩比: 12.7 : 1

最大功率: 70kW（8 500r/min）

最大扭矩: 87N·m（6 750r/min）

车架型式: 钢管型

外形尺寸（长×宽×高）: 2 285mm×910mm× 1 346mm

轴距: 1 530mm

最小离地间隙: 240mm

悬挂系统:（前）直径48mm倒立式前叉
（后）单减震器

制动系统:（前）直径320mm双盘制动/西互对向 四活塞卡钳/ABS
（后）直径260mm单盘制动/双活塞卡钳/ ABS

轮胎规格:（前）90/90 R21
（后）150/70 R18

座高: 870mm

整备质量: 198kg

燃油箱容积: 22.5L

参考售价: 53 680元

800NK 犀灵 +

发动机型式: 并列双缸/水冷

排量: 799mL

缸径×冲程: 88.0mm×65.7mm

压缩比: 12.7 : 1

最大功率: 74kW（9 000r/min）

最大扭矩: 81N·m（8 000r/min）

车架型式: 钢管编织型

轴距: 1 468mm

悬挂系统:（前）KYB直径43mm倒立式前叉
（后）KYB单减震器

制动系统:（前）直径320mm双盘制动/对向四活塞 卡钳/ABS
（后）直径260mm单盘制动/双活塞卡钳/ ABS

轮胎规格:（前）120/70 R17
（后）180/55 R17

座高: 795mm

整备质量: 189kg

燃油箱容积: 15L

参考售价: 49 580元

500SR VOOM 高配版

发动机型式: 并列四缸/水冷/DOHC

排量: 500mL

缸径×冲程: 63mm×40.1mm

压缩比: 12∶1

最大功率: 58kW (12 500r/min), 冲压进气可达61kW

最大扭矩: 49N·m (10 000r/min)

车架型式: 钢管编织型

外形尺寸 (长×宽×高): 2 010mm×715mm× 1 115mm

轴距: 1 395mm

悬挂系统: (前) 直径41mm倒立式前叉

(后) 单减震器

制动系统: (前) 直径300mm双盘制动/对向四活塞卡钳/ABS

(后) 直径220mm单盘制动/单活塞卡钳/ABS

轮胎规格: (前) 120/70 R17

(后) 160/60 R17

座高: 795mm

整备质量: 194kg

燃油箱容积: 15.5L

参考售价: 37 980元

450CL-C 单座版

发动机型式: 并列双缸/水冷/DOHC

排量: 449mL

缸径×冲程: 72mm×55.2mm

压缩比: 11.5∶1

最大功率: 30kW (8 000r/min)

最大扭矩: 42N·m (6 250r/min)

车架型式: 钢管型

外形尺寸 (长×宽×高): 2 205mm×815mm× 1 130mm

轴距: 1 485mm

最小离地间隙: 160mm

悬挂系统: (前) 倒立式前叉

(后) 单减震器

制动系统: (前) 直径320mm盘式制动/对向四活塞卡钳/ABS

(后) 直径220mm盘式制动/单活塞卡钳/ABS

轮胎规格: (前) 130/90 R16

(后) 150/80 R16

座高: 715mm

整备质量: 177kg

燃油箱容积: 12L

参考售价: 26 980元

450SR S

发动机型式: 并列双缸/水冷/DOHC
排量: 449.5mL
缸径×冲程: 72mm×55.2mm
压缩比: 11.5∶1
最大功率: 37kW (9 500r/min)
最大扭矩: 39N·m (7 600r/min)
车架型式: 钢管编织型
轴距: 1 370mm
悬挂系统: (前) 直径37mm倒立式前叉
(后) 单减震器
制动系统: (前) 直径320mm盘式制动/Brembo
对向四活塞卡钳/ABS
(后) 直径240mm盘式制动/双活塞卡钳/
ABS

轮胎规格: (前) 110/70 R17
(后) 150/60 R17
座高: 795mm
整备质量: 169kg
燃油箱容积: 14L
参考售价: 32 580元

450MT 标准版

发动机型式: 并列双缸/水冷/DOHC
排量: 449.5mL
缸径×冲程: 72mm×55.2mm
压缩比: 11.5∶1
最大功率: 32.5kW (8 500r/min)
最大扭矩: 44N·m (6 250r/min)
车架型式: 钢管编织型
外形尺寸(长×宽×高): 2 210mm×870mm×
1 390mm
轴距: 1 505mm
最小离地间隙: 220mm
悬挂系统: (前) KYB 41mm倒立式前叉
(后) KYB单减震器
制动系统: (前) 直径320mm盘式制动/西互对向
四活塞卡钳/ABS
(后) 直径240mm盘式制动/单活塞卡钳/
ABS

轮胎规格: (前) 90/90 R21
(后) 140/70 R18
座高: 800mm/820mm
整备质量: 175kg
燃油箱容积: 17.5L
参考售价: 31 580元

450NK

发动机型式: 并列双缸/水冷/DOHC
排量: 449mL
缸径×冲程: 72mm×55.2mm
压缩比: 11.5∶1
最大功率: 37kW (9 500r/min)
最大扭矩: 39N·m (7 600r/min)
车架型式: 钢管编织型
外形尺寸(长×宽×高): 2 000mm×810mm×
1 130mm
轴距: 1 370mm
最小离地间隙: 155mm
悬挂系统: (前) 直径37mm倒立式前叉
(后) 单减震器
制动系统: (前) 直径320mm盘式制动/西互对向
四活塞卡钳/ABS

(后) 直径220mm盘式制动/单活塞卡钳/
ABS
轮胎规格: (前) 110/70 R17
(后) 150/60 R17
座高: 795mm
整备质量: 165kg
燃油箱容积: 14L
参考售价: 26 880元

250SR-FUN

发动机型式： 单缸/水冷

排量： 249mL

缸径×冲程： 72mm×61.2mm

压缩比： 11.3：1

最大功率： 20.5kW（9 750r/min）

最大扭矩： 22N·m（7 250r/min）

车架型式： 钢管编织型

外形尺寸（长×宽×高）： 2 010mm×750mm×
1 080mm

轴距： 1 360mm

悬挂系统： （前）37mm倒立式前叉
（后）单减震器

制动系统： （前）直径292mm盘式制动/对向四活塞
卡钳/ABS
（后）直径220mm盘式制动/单活塞卡钳/
ABS

轮胎规格： （前）110/70 R17
（后）140/60 R17

座高： 765mm

整备质量： 165kg

燃油箱容积： 12L

参考售价： 15 980元

250SR 单摇臂

发动机型式： 单缸/水冷

排量： 249mL

缸径×冲程： 72mm×61.2mm

压缩比： 11.3：1

最大功率： 21.5kW（9 750r/min）

最大扭矩： 22.5N·m（7 250r/min）

车架型式： 钢管编织型

外形尺寸（长×宽×高）： 2 010mm×750mm×
1 100mm

轴距： 1 365mm

悬挂系统： （前）37mm倒立式前叉
（后）单减震器

制动系统： （前）直径300mm盘式制动/对向四活塞
卡钳/ABS
（后）直径240mm盘式制动/双活塞卡钳/
ABS

轮胎规格： （前）110/70 R17
（后）140/60 R17

座高： 780mm

整备质量： 155kg

燃油箱容积： 12L

参考售价： 18 980元

春风

250NK

发动机型式: 单缸/水冷

排量: 249.2mL

缸径×冲程: 72mm×61.2mm

压缩比: 11.3:1

最大功率: 20.5kW(9 750r/min)

最大扭矩: 22N·m(7 500r/min)

车架型式: 钢管编织型

外形尺寸(长×宽×高): 1 990mm×780mm× 1 090mm

轴距: 1 360mm

悬挂系统: (前)37mm倒立式前叉

(后)单减震器

制动系统: (前)直径292mm盘式制动/对向四活塞卡钳/ABS

(后)直径220mm盘式制动/单活塞卡钳/ABS

轮胎规格: (前)110/70 R17

(后)140/60 R17

座高: 795mm

整备质量: 158kg

燃油箱容积: 12.5L

参考售价: 18 900元

250CL-C

发动机型式: 单缸/水冷/DOHC

排量: 249mL

缸径×冲程: 72mm×61.2mm

压缩比: 11.5:1

最大功率: 18.5kW(9 800r/min)

最大扭矩: 20.5N·m(7 000r/min)

车架型式: 钢管编织型

外形尺寸(长×宽×高): 2 211mm×805mm× 1 075mm

轴距: 1 470mm

最小离地间隙: 150mm

悬挂系统: (前)正立式前叉

(后)双减震器

制动系统: (前)直径300mm盘式制动/对向四活塞卡钳/ABS

(后)直径220mm盘式制动/单活塞卡钳/ABS

轮胎规格: (前)130/90-16

(后)150/60-16

座高: 690mm

整备质量: 181kg

燃油箱容积: 13.5L

参考售价: 14 980元

150NK

发动机型式: 单缸/水冷

排量: 149mL

缸径×冲程: 57mm×58.5mm

压缩比: 10.5∶1

最大功率: 8.8kW（8 500r/min）

最大扭矩: 10.7N·m（7 000r/min）

车架型式: 钢管编织型

外形尺寸（长×宽×高）: 2 025mm×770mm×
1 070mm

轴距: 1 360mm

悬挂系统: （前）倒立式前叉
（后）单减震器

制动系统: （前）盘式制动/对向四活塞卡钳
（后）盘式制动/单活塞卡钳

轮胎规格: （前）100/80 R17
（后）130/70 R17

座高: 775mm

整备质量: 142kg

燃油箱容积: 10L

参考售价: 11 980元

150SC

发动机型式: 单缸/水冷

排量: 149mL

缸径×冲程: 57.3mm×58mm

压缩比: 10.6∶1

最大功率: 10.5kW（8 500r/min）

最大扭矩: 14N·m（6 500r/min）

车架型式: 钢管型

轴距: 1 315mm

悬挂系统: （前）正立式前叉
（后）双减震器

制动系统: （前）直径230mm盘式制动/单向双活塞
卡钳
（后）直径230mm盘式制动/对向双活塞
卡钳

轮胎规格: （前）110/70 R14
（后）130/70 R13

座高: 765mm

整备质量: 135kg

燃油箱容积: 8.5L

参考售价: 13 580元

Bobbie Ⅲ 450S

发动机型式: 并列双缸/水冷/四冲程

排量: 450mL

缸径×冲程: 72mm×55.2mm

压缩比: 11.5:1

最大功率: 37kW（9 500r/min）

最大扭矩: 39N·m（7 600r/min）

车架型式: 钢管型

外形尺寸（长×宽×高）: 2 250mm×1 710mm× 1 070mm

轴距: 1 510mm

最小离地间隙: 150mm

悬挂系统: （前）正立式前叉

（后）三减震器

制动系统: （前）直径320mm盘式制动/ABS

（后）直径256mm盘式制动/ABS

轮胎规格: （前）120/80 17

（后）120/80 17

座高: 760mm

整备质量: 306kg

燃油箱容积: 15L

参考售价: 38 888元

V750 创世版

发动机型式: 横置90°V型双缸/风冷

排量: 750mL

最大功率: 38kW（6 300r/min）

最大扭矩: 60N·m（4 900r/min）

车架型式: 钢管编织型

外形尺寸（长×宽×高）: 2 260mm×1 740mm× 1 370mm

轴距: 1 540mm

最小离地间隙: 210mm

悬挂系统: （前）倒立式前叉

（后）三减震器

制动系统: （前）直径320mm双盘制动/西互对向 四活塞卡钳/ABS

（后）单盘制动/ABS

轮胎规格: （前）120/80-19

（后）120/80-19

整备质量: 409kg

燃油箱容积: 23L

参考售价: 68 888元

大阳 V 锐 ADV350（DY350T-6）

发动机型式：水冷/4气门/SOHC/单缸

排量：350mL

缸径×冲程：76mm×73.5mm

压缩比：11:1

最大功率：21.7kW（7 000r/min）

最大扭矩：33.5N·m（5 500r/min）

车架型式：踏板式

外形尺寸(长×宽×高)：2 306mm×820mm×
　　　　　　　　　　1 343mm

轴距：1 548mm

最小离地间隙：165mm

悬挂系统：（前）直径35mm正立式前叉
　　　　　（后）直径12mm双减震器

制动系统：（前）直径276mm盘式制动/ABS
　　　　　（后）直径240mm盘式制动/ABS

轮胎规格：（前）120/70-14
　　　　　（后）150/70-13

座高：755mm

净质量：195kg

整备质量：208kg

燃油箱容积：17.4L

参考售价：27 990~31 990元

大阳 V 锐 ADV150（DY150T-36）

发动机型式：水冷/4气门/SOHC/单缸

排量：150mL

缸径×冲程：57.4mm×57.7mm

压缩比：11.2:1

最大功率：12.1kW（8 500r/min）

最大扭矩：14.6N·m（6 500r/min）

车架型式：踏板式

外形尺寸(长×宽×高)：2 072mm×760mm×
　　　　　　　　　　1 260mm

轴距：1 324mm

最小离地间隙：165mm

悬挂系统：（前）直径31mm正立式前叉
　　　　　（后）直径10mm双减震器

制动系统：（前）直径256mm盘式制动/ABS
　　　　　（后）直径220mm盘式制动/ABS

轮胎规格：（前）110/80-14
　　　　　（后）130/70-13

座高：775mm

净质量：144kg

整备质量：150kg

燃油箱容积：9.3L

参考售价：13 790~20 290元

大阳

大阳 VRS150（DY150T-20）

发动机型式: 水冷/4气门/SOHC/单缸

排量: 150mL

缸径×冲程: 57.4mm×57.7mm

压缩比: 11.2：1

最大功率: 12.1kW（8 500r/min）

最大扭矩: 14.6N·m（6 500r/min）

车架型式: 踏板式

外形尺寸（长×宽×高）: 1 897mm×718mm×
1 132mm

轴距: 1 350mm

最小离地间隙: 150mm

悬挂系统:（前）直径31mm正立式前叉
（后）直径10mm双减震器

制动系统:（前）直径220mm盘式制动/ABS
（后）直径212mm盘式制动/ABS

轮胎规格:（前）110/70-12
（后）120/70-12

座高: 760mm

净质量: 131kg

整备质量: 138kg

燃油箱容积: 10L

参考售价: 12 980～14 980元

大阳 VRS125（DY125T-20）

发动机型式: 水冷/4气门/SOHC/单缸

排量: 125mL

缸径×冲程: 52.4mm×57.7mm

压缩比: 11.5：1

最大功率: 11.0kW（8 500r/min）

最大扭矩: 12.5N·m（6 500r/min）

车架型式: 踏板式

外形尺寸（长×宽×高）: 1 897mm×718mm×
1 132mm

轴距: 1 350mm

最小离地间隙: 150mm

悬挂系统:（前）直径31mm正立式前叉
（后）直径10mm双减震器

制动系统:（前）直径220mm盘式制动/ABS
（后）直径212mm盘式制动/ABS

轮胎规格:（前）110/70-12
（后）120/70-12

座高: 760mm

净质量: 131kg

整备质量: 138kg

燃油箱容积: 10L

参考售价: 9 980～13 980元

大阳 VRF150（DY150T-39）

发动机型式：水冷/4气门/SOHC/单缸

排量：150mL

缸径×冲程：57.4mm×57.7mm

压缩比：11.2∶1

最大功率：12.1kW（8 500r/min）

最大扭矩：14.6N·m（6 500r/min）

车架型式：踏板式

外形尺寸（长×宽×高）：1 885mm×718mm×
　　　　　　　　　　　1 140mm

轴距：1 350mm

最小离地间隙：150mm

悬挂系统：（前）直径31mm正立式前叉
　　　　　（后）直径10mm双减震器

制动系统：（前）直径220mm盘式制动/ABS
　　　　　（后）直径212mm盘式制动/ABS

轮胎规格：（前）110/70-12
　　　　　（后）120/70-12

座高：760mm

净质量：131 kg

整备质量：138kg

燃油箱容积：10L

参考售价：12 499~14 980元

大阳 VPS125（DY125T-21）

发动机型式：风冷/单缸

排量：125mL

缸径×冲程：52.4mm×57.8mm

压缩比：10.3∶1

最大功率：7.2kW（7 000r/min）

最大扭矩：10.5N·m（5 500r/min）

车架型式：踏板式

外形尺寸（长×宽×高）：1 898mm×713mm×
　　　　　　　　　　　1 110mm

轴距：1 300mm

最小离地间隙：150mm

悬挂系统：（前）直径31mm正立式前叉
　　　　　（后）直径10mm双减震器（前碟后碟）

制动系统：（前）直径220mm盘式制动/ABS
　　　　　（后）直径212mm盘式制动/ABS

轮胎规格：（前）90/90-12
　　　　　（后）100/90-10

座高：740mm

净质量：106kg

整备质量：112kg

燃油箱容积：10L

参考售价：8 980~10 699元

大运摩托

食铁兽 STS400 梦想版

发动机型式： 并列双缸/水冷/四冲程

排量： 400 mL

压缩比： 10.8：1

最大功率： 31 kW（9 000r/min）

最大扭矩： 35N·m（6 500r/min）

车架型式： 钢管编织型

外形尺寸（长×宽×高）： 2 080mm×775mm× 1 125mm

轴距： 1 395mm

最小离地间隙： 160mm

悬挂系统： （前）直径41mm倒立式前叉

（后）中置减震器

制动系统： （前）直径300mm双盘制动/对向四活塞卡钳/ABS

（后）直径240mm单盘制动/ABS

轮胎规格： （前）110/70-17M/C

（后）150/60-17M/C

座高： 780mm

整备质量： 185kg

燃油箱容积： 16L

参考售价： 25 999元

天堑 250R

发动机型式： 单缸/油冷/四冲程

排量： 250 mL

最大功率： 15kW（8 000r/min）

最大扭矩： 19N·m（6 000r/min）

车架型式： 钢管型

外形尺寸（长×宽×高）： 2 095mm×770mm× 1 105mm

轴距： 1 325mm

最小离地间隙： 150mm

悬挂系统： （前）正立式前叉

（后）中置减震器

制动系统： （前）直径276mm盘式制动/双活塞卡钳

（后）直径200mm盘式制动/ABS

轮胎规格： （前）110/70-17M/C

（后）150/60-17M/C

座高： 775mm

整备质量： 162kg

燃油箱容积： 16L

参考售价： 11 980元

NX400

发动机型式: 水冷/并列双缸

排量: 399mL

缸径×冲程: 67mm×56.6mm

压缩比: 11:1

最大功率: 33kW(9 000r/min)

最大扭矩: 37N·m(7 500r/min)

车架型式: 钢管钻石型

外形尺寸(长×宽×高): 2 145mm×830mm× 1 390mm

轴距: 1 440mm

最小离地间隙: 160mm

悬挂系统: (前)直径41mm倒立式前叉

(后)中置减震器

制动系统: (前)双盘制动/ABS

(后)单盘制动/ABS

轮胎规格: (前)110/80 R19

(后)160/60 R17

座高: 802mm

整备质量: 197kg

燃油箱容积: 16.5L

参考售价: 35 000元

本田

CBR400R

发动机型式: 水冷/并列双缸

排量: 399mL

缸径×冲程: 67mm×56.6mm

压缩比: 11:1

最大功率: 33kW (9 000r/min)

最大扭矩: 37N·m (7 500r/min)

车架型式: 钢管钻石型

外形尺寸(长×宽×高): 2 080mm×765mm× 1 145mm

轴距: 1 416mm

最小离地间隙: 130mm

悬挂系统: (前)直径41mm倒立式前叉 (后)中置减震器

制动系统: (前)双盘制动/ABS (后)单盘制动/ABS

轮胎规格: (前)120/70 ZR17 (后)160/60 ZR17

座高: 789mm

整备质量: 194kg

燃油箱容积: 16.1L

参考售价: 36 000元

CB400F

发动机型式: 水冷/并列双缸

排量: 399mL

缸径×冲程: 67mm×56.6mm

压缩比: 11:1

最大功率: 33kW (9 000r/min)

最大扭矩: 37N·m (7 500r/min)

车架型式: 钢管钻石型

外形尺寸(长×宽×高): 2 080mm×800mm× 1 060mm

轴距: 1 416mm

最小离地间隙: 156mm

悬挂系统: (前)直径41mm倒立式前叉 (后)中置减震器

制动系统: (前)双盘制动/ABS (后)单盘制动/ABS

轮胎规格: (前)120/70 ZR17 (后)160/60 ZR17

座高: 789mm

整备质量: 190kg

燃油箱容积: 16.1L

参考售价: 38 500元

CM300

发动机型式: 水冷/DOHC/4气门/单缸
排量: 286mL
缸径×冲程: 76mm×63mm
压缩比: 10.7:1
最大功率: 20.4kW（8 000r/min）
最大扭矩: 25.1N·m（7 500r/min）
车架型式: 钢管摇篮型
外形尺寸（长×宽×高）: 2 206mm×822mm× 1 093mm
轴距: 1 490mm
最小离地间隙: 149mm
悬挂系统:（前）正立式前叉
（后）双筒减震器
制动系统:（前）盘式制动/ABS
（后）盘式制动/ABS
轮胎规格:（前）130/90-16
（后）150/80-16
座高: 690mm
整备质量: 170kg
燃油箱容积: 11.2L
参考售价: 34 500元

CL300

发动机型式: 水冷/DOHC/4气门/单缸
排量: 286mL
缸径×冲程: 76mm×63mm
压缩比: 10.7:1
最大功率: 19.2kW（8 000r/min）
最大扭矩: 26.3N·m（6 250r/min）
车架型式: 钢管摇篮型
外形尺寸（长×宽×高）: 2 174mm×831mm× 1 134mm
轴距: 1 489mm
最小离地间隙: 165mm
悬挂系统:（前）正立式前叉
（后）双筒减震器
制动系统:（前）盘式制动/ABS
（后）盘式制动/ABS
轮胎规格:（前）110/80-19
（后）150/70-17
座高: 790mm
整备质量: 172kg
燃油箱容积: 12.2L
参考售价: 35 000元

本田

NSS350

发动机型式: 水冷/SOHC/4气门/单缸

排量: 330mL

缸径×冲程: 77mm×70.8mm

压缩比: 10.5 : 1

最大功率: 21.6kW (7 500r/min)

最大扭矩: 31.8N·m (5 500r/min)

车架型式: 钢管型

外形尺寸(长×宽×高): 2 143mm×754mm× 1 387mm

轴距: 1 510mm

最小离地间隙: 140mm

悬挂系统: (前) 正立式前叉
(后) 双筒减震器

制动系统: (前) 盘式制动/ABS
(后) 盘式制动/ABS

轮胎规格: (前) 120/70 R15
(后) 140/70 R14

座高: 780mm

整备质量: 185kg

燃油箱容积: 11.7L

参考售价: 49 800元

PCX

发动机型式: 水冷/4气门/单缸

排量: 157mL

缸径×冲程: 60mm×55.5mm

压缩比: 12∶1

最大功率: 11.8kW (8 500r/min)

最大扭矩: 14.7N·m (6 500r/min)

车架型式: 钢管型

外形尺寸(长×宽×高): 1 943mm×745mm×
1 099mm

轴距: 1 315mm

最小离地间隙: 135mm

悬挂系统: (前)正立式前叉
(后)双筒后减震

制动系统: (前)盘式制动/ABS
(后)盘式制动

轮胎规格: (前)110/70-14
(后)130/70-13

座高: 761mm

整备质量: 133kg

燃油箱容积: 8.2L

参考售价: 22 990元

LEAD

发动机型式: 水冷/4气门/单缸

排量: 125mL

缸径×冲程: 53.5mm×55.5mm

压缩比: 11.5∶1

最大功率: 8.2kW (8 250r/min)

最大扭矩: 11.7N·m (5 250r/min)

车架型式: 钢管型

外形尺寸(长×宽×高): 1 850mm×680mm×
1 130mm

轴距: 1 273mm

最小离地间隙: 140mm

悬挂系统: (前)正立式前叉
(后)单筒减震器

制动系统: (前)盘式制动/CBS
(后)鼓式制动/CBS

轮胎规格: (前)90/90-12
(后)100/90-10

座高: 760mm

整备质量: 116kg

燃油箱容积: 6L

参考售价: 16 800元

本田

Cross CUB

发动机型式: 风冷/单缸

排量: 110mL

缸径×冲程: 47mm×63.121mm

压缩比: 10:1

最大功率: 5.9kW(7 500r/min)

最大扭矩: 8.8N·m(5 500r/min)

车架型式: 钢管型

外形尺寸(长×宽×高): 1 931mm×799mm× 1 108mm

轴距: 1 228mm

最小离地间隙: 167mm

悬挂系统: (前)正立式前叉
(后)双筒减震器

制动系统: (前)盘式制动/ABS
(后)鼓式制动

轮胎规格: (前)80/90-17
(后)80/90-17

座高: 786mm

整备质量: 107kg

燃油箱容积: 4.1L

参考售价: 13 000元

GK1200 穿越版

发动机型式: 直列双缸/四冲程/SOHC/水冷

排量: 1 222mL

缸径×冲程: 98.6mm×80mm

压缩比: 10:1

最大功率: 61kW(6 550r/min)

最大扭矩: 108N·m(3 100r/min)

车架型式: 双摇篮型

外形尺寸(长×宽×高): 2 180mm×800mm× 1 115mm

轴距: 1 450mm

最小离地间隙: 130/150mm

悬挂系统: (前)正立式前叉 (后)双减震器

制动系统: (前)直径310mm双盘制动/ABS (后)直径260mm单盘制动/ABS

轮胎规格: (前)110/80 R18 (后)170/60 R17

座高: 780/800mm

净质量: 217kg

整备质量: 235kg

燃油箱容积: 16L

参考售价: 53 800元

铁甲蛹尊享版

发动机型式: 水冷/8气门/DOHC/并列双缸

排量: 486mL

缸径×冲程: 68mm×67mm

压缩比: 10.7:1

最大功率: 35kW(8 500r/min)

最大扭矩: 43N·m(6 750r/min)

车架型式: 网状编织型

外形尺寸(长×宽×高): 2 171mm×916mm× 1 327mm

轴距: 1 441mm

最小离地间隙: 200mm

悬挂系统: (前)直径43mm倒立式前叉 (后)中置减震器

制动系统: (前)直径320mm盘式制动/ABS (后)直径240mm盘式制动/ABS

轮胎规格: (前)110/80 R19 (后)150/60 R17

座高: 820mm

净质量: 195kg

整备质量: 209kg

燃油箱容积: 19L

参考售价: 32 580元

高金

Hawk1000 拉力版

发动机型式: 水冷/8气门/DOHC/V型双缸

排量: 997mL

缸径×冲程: 92mm×75mm

压缩比: 10.3:1

最大功率: 66kW(7 750r/min)

最大扭矩: 95N·m(5 000r/min)

车架型式: 管板式主车架+钢管编织副车架

外形尺寸(长×宽×高): 2 287mm×931mm× 1 475mm

轴距: 1 581mm

最小离地间隙: 190mm

悬挂系统: (前)直径43mm倒立式前叉

(后)中置减震器

制动系统: (前)直径320mm双盘制动/ABS

(后)直径260mm单盘制动/ABS

轮胎规格: (前)120/70 R19

(后)170/60 R17

座高: 820mm

净质量: 243kg

整备质量: 261kg

燃油箱容积: 20L

参考售价: 52 800元

GK500 穿越版

发动机型式: 水冷/8气门/DOHC/直列双缸

排量: 486mL

缸径×冲程: 68mm×67mm

压缩比: 10.7:1

最大功率: 35kW(8 500r/min)

最大扭矩: 43N·m(6 750r/min)

车架型式: 网状编织型

外形尺寸(长×宽×高): 2 070mm×790mm× 1 130mm

轴距: 1 416mm

最小离地间隙: 165mm

悬挂系统: (前)直径41mm倒立式前叉

(后)中置减震器

制动系统: (前)直径320mm盘式制动/ABS

(后)直径240mm盘式制动/ABS

轮胎规格: (前)120/70 R17

(后)160/60 R17

座高: 790mm

净质量: 180kg

整备质量: 190kg

燃油箱容积: 13.5L

参考售价: 35 900元

雷神 1000

发动机型式: 水冷/8气门/DOHC/双缸

排量: 997mL

缸径×冲程: 92mm×75mm

压缩比: 10.3:1

最大功率: 66kW(7 200r/min)

最大扭矩: 95N·m(6 000r/min)

车架型式: 铝合金组合型

外形尺寸(长×宽×高): 2 380mm×920mm× 1 135mm

轴距: 1 665mm

最小离地间隙: 150mm

悬挂系统: (前)直径43mm倒立式前叉

(后)中置减震器

制动系统: (前)直径320mm双盘制动/ABS

(后)直径300mm单盘制动/ABS

轮胎规格: (前)130/70 R18

(后)240/40 R18

座高: 680mm

净质量: 252kg

整备质量: 269kg

燃油箱容积: 22L

参考售价: 58 800元

光阳

ST250

发动机型式：单缸/水冷/4气门

排量：246.3mL

压缩比：10.8：1

最大功率：17.2kW（7 500r/min）

最大扭矩：23.6N·m（6 000r/min）

外形尺寸（长×宽×高）：2 130mm×755mm× 1 360mm

轴距：1 525mm

最小离地间隙：135mm

制动系统：（前）盘式制动
　　　　　（后）盘式制动

轮胎规格：（前）120/70-13
　　　　　（后）140/70-13

座高：770mm

整备质量：182kg

燃油箱容积：10.5L

参考售价：26 999元

RACING X150

发动机型式：单缸/水冷/四冲程

排量：149mL

缸径×冲程：59.0mm×54.5mm

压缩比：11.3（±0.2）：1

最大功率：11.2kW（8 500r/min）

最大扭矩：13.2N·m（7 500r/min）

外形尺寸（长×宽×高）：1 957mm×787mm× 1 297mm

轴距：1 374mm

最小离地间隙：135mm

轮胎规格：（前）120/70-13
　　　　　（后）130/70-13

座高：795mm

整备质量：148kg

燃油箱容积：10.7L

TR300 Plus 旅行版

发动机型式: 水冷/并列双缸

排量: 298mL

缸径×冲程: 57.3mm×57.8mm

压缩比: 11.5:1

最大功率: 21.5kW(8 500r/min)

最大扭矩: 27.8N·m(6 500r/min)

车架型式: 钢管型

外形尺寸(长×宽×高): 2 300mm×915mm× 1 330mm

轴距: 1 520mm

最小离地间隙: 180mm

悬挂系统: (前)KYB正立式前叉 (后)KYB双筒减震器

制动系统: (前)290mm盘式制动/ABS (后)240mm盘式制动/ABS

轮胎规格: (前)130/90-16 (后)150/80-16

座高: 730mm

整备质量: 200kg

燃油箱容积: 16L

参考售价: 24 980元

TR300 Plus 城市版

发动机型式: 水冷/并列双缸

排量: 298mL

缸径×冲程: 57.3mm×57.8mm

压缩比: 11.5:1

最大功率: 21.5kW(8 500r/min)

最大扭矩: 27.8N·m(6 500r/min)

车架型式: 钢管型

外形尺寸(长×宽×高): 2 300mm×845mm× 1 145mm

轴距: 1 520mm

最小离地间隙: 180mm

悬挂系统: (前)KYB正立式前叉 (后)KYB双筒减震器

制动系统: (前)290mm盘式制动/ABS (后)240mm盘式制动/ABS

轮胎规格: (前)130/90-16 (后)150/80-16

座高: 730mm

整备质量: 189kg

燃油箱容积: 16L

参考售价: 23 680元

TR300

发动机型式: 水冷/并列双缸

排量: 298mL

缸径×冲程: 57.3mm×57.8mm

压缩比: 11.5:1

最大功率: 21.5kW (8 500r/min)

最大扭矩: 27.8N·m (6 500r/min)

车架型式: 钢管型

外形尺寸(长×宽×高): 2 310mm×845mm× 1 165mm

轴距: 1 520mm

最小离地间隙: 180mm

悬挂系统: (前) KYB正立式前叉
(后) KYB双筒减震器

制动系统: (前) 290mm盘式制动/ABS
(后) 240mm盘式制动/ABS

轮胎规格: (前) 130/90-16
(后) 150/80-16

座高: 730mm

整备质量: 189kg

燃油箱容积: 16L

参考售价: 23 680元

UHR150

发动机型式: 水冷/单缸

排量: 149mL

缸径×冲程: 57.3mm×57.9mm

压缩比: 10.6:1

最大功率: 10.6kW (8 500r/min)

最大扭矩: 14.2N·m (6 500r/min)

车架型式: 钢管型

外形尺寸(长×宽×高): 1 950mm×765mm× 1 120mm

轴距: 1 315mm

最小离地间隙: 135mm

悬挂系统: (前) 正立式前叉
(后) 双筒减震器

制动系统: (前) 盘式制动/ABS
(后) 盘式制动/ABS

轮胎规格: (前) 110/80-14
(后) 130/70-14

座高: 760mm

整备质量: 140kg

燃油箱容积: 8L

参考售价: 16 280元

ADX125

发动机型式: 风冷/单缸

排量: 124mL

缸径×冲程: 52.4mm×57.9mm

压缩比: 10.2：1

最大功率: 6.6kW（7 500r/min）

最大扭矩: 10N·m（5 000r/min）

车架型式: 钢管型

外形尺寸（长×宽×高）: 1 940mm×750mm× 1 100mm

轴距: 1 300mm

最小离地间隙: 120mm

悬挂系统:（前）正立式前叉

（后）单筒减震器

制动系统:（前）盘式制动/ABS

（后）鼓式制动

轮胎规格:（前）90/90-12

（后）100/90-10

座高: 760mm

整备质量: 120kg

燃油箱容积: 6.5L

参考售价: 12 980元（含原厂尾箱）

AFR125S

发动机型式: 风冷/单缸

排量: 124mL

缸径×冲程: 52.4mm×57.9mm

压缩比: 9.3：1

最大功率: 6.6kW（7 500r/min）

最大扭矩: 10N·m（5 000r/min）

车架型式: 钢管型

外形尺寸（长×宽×高）: 2 035mm×700mm× 1 130mm

轴距: 1 300mm

最小离地间隙: 120mm

悬挂系统:（前）正立式前叉

（后）单筒减震器

制动系统:（前）直径220mm盘式制动/ABS

（后）鼓式制动

轮胎规格:（前）90/90-12

（后）100/90-10

座高: 740mm

整备质量: 120kg

燃油箱容积: 6.5L

参考售价: 11 680元（含原厂尾箱）

豪爵

UFD125

发动机型式: 风冷/单缸

排量: 124mL

缸径×冲程: 52.4mm×57.9mm

压缩比: 9.3∶1

最大功率: 6.6kW(7 500r/min)

最大扭矩: 10N·m(5 000r/min)

车架型式: 钢管型

外形尺寸(长×宽×高): 2 025mm×705mm×
1 145mm

轴距: 1 255mm

最小离地间隙: 120mm

悬挂系统: (前)正立式前叉
(后)单筒减震器

制动系统: (前)盘式制动/CBS
(后)鼓式制动/CBS

轮胎规格: (前)90/90-12
(后)100/90-10

座高: 740mm

整备质量: 118kg

燃油箱容积: 6.5L

参考售价: 9 680元(含原厂尾箱)

XCR300

发动机型式: 水冷/并列双缸

排量: 298mL

缸径×冲程: 57.3mm×57.8mm

压缩比: 11.5∶1

最大功率: 21.5kW(8 500r/min)

最大扭矩: 27.8N·m(6 500r/min)

车架型式: 钢管型

外形尺寸(长×宽×高): 2 110mm×770mm×
1 100mm

轴距: 1 420mm

最小离地间隙: 160mm

悬挂系统: (前)KYB倒立式前叉
(后)中置减震器

制动系统: (前)290mm单盘制动/ABS
(后)240mm单盘制动/ABS

轮胎规格: (前)110/70 R17
(后)140/70 R17

座高: 785mm

整备质量: 179kg

燃油箱容积: 16L

参考售价: 24 980元

GZS150 ABS

发动机型式: 风冷/单缸
排量: 149mL
缸径×冲程: 57.3mm×57.8mm
压缩比: 9.65:1
最大功率: 9.3kW (8 000r/min)
最大扭矩: 12.7N·m (6 000r/min)
车架型式: 钢管型
外形尺寸 (长×宽×高): 2 220mm×880mm×
　　　　　　　　　　　　1 145mm
轴距: 1 450mm
最小离地间隙: 140mm
悬挂系统: (前) 正立式前叉
　　　　　(后) 双筒后减震
制动系统: (前) 盘式制动/ABS
　　　　　(后) 盘式制动/ABS
轮胎规格: (前) 90/90-18
　　　　　(后) 130/80-16
座高: 700mm
整备质量: 158kg
燃油箱容积: 12.4L
参考售价: 14 980元

GSX250R-A

发动机型式: 水冷/并列双缸
排量: 248mL
缸径×冲程: 53.5mm×55.2mm
压缩比: 11.5:1
最大功率: 18.4kW (8 000r/min)
最大扭矩: 23.4N·m (6 500r/min)
车架型式: 钢管型
外形尺寸 (长×宽×高): 2 085mm×740mm×
　　　　　　　　　　　　1 110mm
轴距: 1 430mm
最小离地间隙: 160mm
悬挂系统: (前) 正立式前叉
　　　　　(后) 预载7段可调/单筒后减震
制动系统: (前) 290mm盘式制动/ABS
　　　　　(后) 240mm盘式制动/ABS
轮胎规格: (前) 110/80-17
　　　　　(后) 140/70-17
座高: 790mm
整备质量: 178kg
燃油箱容积: 15L
参考售价: 21 680元

豪爵

DL250-C

发动机型式: 水冷/并列双缸

排量: 248mL

缸径×冲程: 53.5mm×55.2mm

压缩比: 11.5:1

最大功率: 18.4kW (8 000r/min)

最大扭矩: 23.4N·m (6 500r/min)

车架型式: 钢管型

外形尺寸 (长×宽×高): 2 150mm×880mm× 1 285mm

轴距: 1 430mm

最小离地间隙: 155mm

悬挂系统: (前) 正立式前叉

(后) 中置减震器

制动系统: (前) 290mm盘式制动/ABS

(后) 240mm盘式制动/ABS

轮胎规格: (前) 110/80-17

(后) 140/70-17

座高: 795mm

整备质量: 188kg

燃油箱容积: 17.3L

参考售价: 22 680元

DL150

发动机型式: 风冷/单缸

排量: 149mL

缸径×冲程: 57.3mm×57.8mm

压缩比: 9.65:1

最大功率: 9.3kW (8 000r/min)

最大扭矩: 12.7N·m (6 000r/min)

车架型式: 钢管型

外形尺寸 (长×宽×高): 2 025mm×775mm× 1 195mm

轴距: 1 345mm

最小离地间隙: 160mm

悬挂系统: (前) 正立式前叉

(后) KYB中置减震器

制动系统: (前) 盘式制动/ABS

(后) 盘式制动/ABS

轮胎规格: (前) 100/80-17

(后) 130/70-17

座高: 795mm

整备质量: 148kg

燃油箱容积: 13L

参考售价: 14 680元

US125

发动机型式: 单缸/四冲程/风冷

排量: 124.3mL

缸径×冲程: 52.5mm×57.4mm

压缩比: 10.3:1

最大功率: 6.9kW (7 000r/min)

最大扭矩: 10N·m (6 000r/min)

车架型式: 钢管型

外形尺寸(长×宽×高): 1 865mm×685mm× 1 125mm

轴距: 1 285mm

最小离地间隙: 90mm

悬挂系统: (前)正立式前叉
(后)单减震器

制动系统: (前)盘式制动
(后)鼓式制动

轮胎规格: (前)90/90-12
(后)100/90-10

座高: 745mm

整备质量: 110kg

燃油箱容积: 6L

参考售价: 10 180元起

UY125

发动机型式: 单缸/四冲程/风冷

排量: 124.3mL

缸径×冲程: 52.5mm×57.4mm

压缩比: 10.3:1

最大功率: 6.9kW (7 000r/min)

最大扭矩: 10N·m (6 000r/min)

车架型式: 钢管型

外形尺寸(长×宽×高): 1 890mm×685mm× 1 090mm

轴距: 1 285mm

最小离地间隙: 120mm

悬挂系统: (前)正立式前叉
(后)单减震器

制动系统: (前)盘式制动
(后)鼓式制动

轮胎规格: (前)90/90-12
(后)100/90-10

座高: 745mm

整备质量: 112kg

燃油箱容积: 6L

参考售价: 10 380~10 880元

济南铃木

UE125

发动机型式: 单缸/四冲程/风冷

排量: 124.3mL

缸径×冲程: 52.5mm×57.4mm

压缩比: 10.3∶1

最大功率: 6.9kW(7 000r/min)

最大扭矩: 10N·m(6 000r/min)

车架型式: 钢管型

外形尺寸(长×宽×高): 1 900mm×685mm× 1 135mm

轴距: 1 285mm

最小离地间隙: 120mm

悬挂系统: (前)正立式前叉
(后)单减震器

制动系统: (前)盘式制动
(后)鼓式制动

轮胎规格: (前)90/90-12
(后)100/90-10

座高: 745mm

整备质量: 112kg

燃油箱容积: 6L

参考售价: 8 380~8 980元

Let's 小海豚升级版

发动机型式: 单缸/四冲程/风冷

排量: 112.8mL

缸径×冲程: 51.0mm×55.2mm

压缩比: 9.4∶1

最大功率: 5.8kW(8 000r/min)

最大扭矩: 7.7N·m(6 500r/min)

车架型式: 钢管型

外形尺寸(长×宽×高): 1 760mm×660mm× 1 100mm

轴距: 1 250mm

最小离地间隙: 120mm

悬挂系统: (前)正立式前叉
(后)单减震器

制动系统: (前)盘式制动/鼓式制动
(后)鼓式制动

轮胎规格: (前)90/90-10
(后)100/90-10

座高: 742mm

整备质量: 99kg

燃油箱容积: 5L

参考售价: 7 580~7 880元

ITALJET Dragster

发动机型式: 单缸/水冷/4气门

排量: 189mL

缸径×冲程: 63mm×60.5mm

压缩比: 12.1:1

最大功率: 14.6kW（8 250r/min）

最大扭矩: 17N·m（6 250r/min）

车架型式: 钢管型

外形尺寸（长×宽×高）: 1 890mm×750mm×
　　　　　　　　　　　　1 075mm

轴距: 1 350mm

悬挂系统: （前）S.I.S前独立悬挂
　　　　　　（后）单减震器

制动系统: （前）直径200mm盘式制动/Brembo
　　　　　　卡钳/ABS
　　　　　　（后）直径190mm盘式制动/Brembo
　　　　　　卡钳/ABS

轮胎规格: （前）120/70-12
　　　　　　（后）140/60-12

座高: 760mm

整备质量: 140kg

燃油箱容积: 9L

参考售价: 27 680元

悟空

发动机型式: 单缸/风冷

排量: 106.7mL

最大功率: 5kW（7 500r/min）

最大扭矩: 7.5N·m（5 500r/min）

车架型式: 钢管型

外形尺寸（长×宽×高）: 1 425mm×655mm×
　　　　　　　　　　　　900mm

轴距: 995mm

最小离地间隙: 155mm

悬挂系统: （前）正立式前叉
　　　　　　（后）双减震器

制动系统: （前）盘式制动
　　　　　　（后）鼓式制动

轮胎规格: （前）3.5-10
　　　　　　（后）3.5-10

座高: 650mm

整备质量: 77kg

燃油箱容积: 6.5L

参考售价: 8 280元

凯越

450Rally

450Rally（高座版）

发动机型式: 水冷/油冷/单缸/DOHC

排量: 449mL

缸径×冲程: 94.5mm×64mm

压缩比: 12.5:1

最大功率: 38kW（9 500r/min）

最大扭矩: 40N·m（7 000r/min）

外形尺寸（长×宽×高）: 2 190mm×805mm×1 390mm

轴距: 1 490mm

最小离地间隙: 310mm

悬挂系统: （前）渝安倒置式可调减震器/行程305mm

（后）渝安外置气囊/行程300mm

制动系统: （前）单盘/双活塞卡钳/ABS

（后）单盘/单活塞卡钳/ABS

轮胎规格: （前）90/90-21

（后）140/80-18

座高: 960mm

整备质量: 155kg

燃油箱容积: 15L

参考售价: 43 800元

450Rally（低座版）

发动机型式: 水冷/油冷/单缸/DOHC

排量: 449mL

缸径×冲程: 94.5mm×64mm

压缩比: 12.5:1

最大功率: 38kW（9 500r/min）

最大扭矩: 40N·m（7 000r/min）

外形尺寸（长×宽×高）: 2 190mm×805mm×1 390mm

轴距: 1 475mm

最小离地间隙: 270mm

悬挂系统: （前）渝安倒置式可调减震器/行程260mm

（后）渝安外置气囊/行程250mm

制动系统: （前）单盘/双活塞卡钳/ABS

（后）单盘/单活塞卡钳/ABS

轮胎规格: （前）90/90-21

（后）140/80-18

座高: 910mm

整备质量: 155kg

燃油箱容积: 15L

参考售价: 43 800元

321RR-S

发动机型式: 直列双缸/四冲程/水冷

排量: 250mL

缸径×冲程: 68mm×44.2mm

压缩比: 11.2:1

最大功率: 30.5kW(10 500r/min)

最大扭矩: 29N·m(9 000r/min)

外形尺寸(长×宽×高): 1 975mm×743mm× 1 100mm

轴距: 1 370mm

悬挂系统: (前)渝安倒置减震器
(后)渝安不可调减震器

制动系统: (前)单固定盘/单向双活塞浮动卡钳/ ABS
(后)单盘/单活塞卡钳/ABS

轮胎规格: (前)110/70 R17
(后)140/60 R17

座高: 760mm

整备质量: 147kg

燃油箱容积: 13L

参考售价: 18 880元

凯越

525X

525X经典版	525X单摇臂版	525X达喀尔纪念版
发动机型式: 双缸/DOHC/8气门	双缸/DOHC/8气门	双缸/DOHC/8气门
排量: 494mL	494mL	494mL
缸径×冲程: 68mm×68mm	68mm×68mm	68mm×68mm
压缩比: 11.5:1	11.5:1	11.5:1
最大功率: 39.6kW(8 500r/min)	39.6kW(8 500r/min)	39.6kW(8 500r/min)
最大扭矩: 50.5N·m(7 000r/min)	50.5N·m(7 000r/min)	50.5N·m(7 000r/min)
外形尺寸(长×宽×高): 2 260mm×945mm×1 390mm	2 260mm×945mm×1 390mm	2 260mm×945mm×1 390mm
轴距: 1 470mm	1 470mm	1 470mm
最小离地间隙: 210mm	210mm	210mm
悬挂系统: (前)直径195mm KYB预载/阻尼全可调 (后)直径200mm KYB预载/阻尼全可调	(前)直径195mm KYB预载/阻尼全可调 (后)直径200mm KYB预载/阻尼全可调	(前)直径195mm KYB预载/阻尼全可调 (后)直径200mm KYB预载/阻尼全可调
制动系统: (前)双浮动盘/Brembo双活塞浮动卡钳/ABS (后)单盘/单活塞卡钳/ABS	(前)双浮动盘/Brembo双活塞浮动卡钳/ABS (后)单盘/双活塞卡钳/ABS	(前)双浮动盘/Brembo双活塞浮动卡钳/ABS (后)单盘/单活塞卡钳/ABS
轮胎规格: (前)110/80-19正新全地形真空胎 (后)150/70-17正新全地形真空胎	(前)110/80-19倍耐力全地形真空胎 (后)150/70-17倍耐力全地形真空胎	(前)110/80-19倍耐力全地形真空胎 (后)150/70-17倍耐力全地形真空胎
座高: 820mm	820mm	820mm
整备质量: 205kg	215kg(含三箱及附件)	215kg(含三箱及附件)
燃油箱容积: 20L	20L	20L
参考售价: 33 900元	36 900元	34 299元

800X

	800X穿越版	800X旅行版（不含三箱）	800X RALLY 版
发动机型式:	双缸/DOHC/8气门/75°曲轴	双缸/DOHC/8气门/75°曲轴	双缸/DOHC/8气门/75°曲轴
排量:	799mL	799mL	799mL
缸径×冲程:	88mm×65.7mm	88mm×65.7mm	88mm×65.7mm
压缩比:	13：1	13：1	13：1
最大功率:	71kW（9 000r/min）	71kW（9 000r/min）	71kW（9 000r/min）
最大扭矩:	80N·m（7 500r/min）	80N·m（7 500r/min）	80N·m（7 500r/min）
外形尺寸（长×宽×高）:	2 238mm×880mm×1 399mm	2 230mm×930mm×1 395mm	2 267mm×810mm×1 395mm
轴距:	1 510mm	1 520mm	1 545mm
最小离地间隙:	275mm	230mm	293mm
悬挂系统:	（前）KYB直径240mm预载/阻尼可调前减震器	（前）KYB直径210mm预载/阻尼可调前减震器	（前）倒置压缩回弹双腔结构可调减震器
	（后）KYB直径240mm预载/阻尼可调后减震器	（后）KYB直径210mm预载/阻尼可调后减震器	（后）压缩\回弹可调外置气囊减震器
制动系统:	（前）双浮动盘/对置四活塞卡钳/ABS	（前）双浮动盘/双活塞浮动卡钳/ABS	（前）单固定盘/双活塞浮动卡钳/ABS
	（后）单盘/单活塞卡钳/ABS	（后）单碟花型/单活塞浮动卡钳/ABS	（后）单碟花型/单活塞浮动卡钳/ABS
轮胎规格:	（前）90/90-21	（前）110/80 -19	（前）90/90-21
	（后）150/70-18	（后）150/70-17	（后）140/80-18
座高:	875mm	826mm	890mm
整备质量:	185kg	195kg	176kg
燃油箱容积:	20L	22L	20L
参考售价:	49 800元	46 800元	49 800元

凯越

450R

发动机型式: 双缸/DOHC/8气门

排量: 443mL

缸径×冲程: 59mm×40.5mm

压缩比: 12.3:1

最大功率: 48kW (12 000r/min)

最大扭矩: 40N·m (9 000r/min)

外形尺寸（长×宽×高）: 2 010mm×830mm×
　　　　　　　　　　　　1 298mm

轴距: 1 385mm

悬挂系统:（前）渝安倒置式41mm前减震器
　　　　　（后）渝安内置气囊、中心独立后减震器

制动系统:（前）双固定盘/单向双活塞卡钳
　　　　　（后）单盘/单活塞卡钳

轮胎规格:（前）120/70-17 CM-S1
　　　　　（后）160/60-17 CM-S1

座高: 795mm

整备质量: 164kg

燃油箱容积: 17L

参考售价: 28 800元

321RR-S

发动机型式: 水冷/并列双缸/DOHC

排量: 322mL

缸径×冲程: 68mm×44.2mm

压缩比: 11.2:1

最大功率: 30.5kW (10 500r/min)

最大扭矩: 29N·m (9 000r/min)

外形尺寸（长×宽×高）: 1 975mm×743mm×
　　　　　　　　　　　　1 100mm

轴距: 1 370mm

最小离地间隙: 150mm

悬挂系统:（前）渝安阻尼全可调倒置式
　　　　　（后）渝安全可调外置气囊

制动系统:（前）Brembo对置四活塞卡钳/
　　　　　　　　直径320mm浮动盘/ABS
　　　　　（后）单向双活塞卡钳/
　　　　　　　　直径240mm单盘/ABS

轮胎规格:（前）110/70-17
　　　　　（后）150/60-17

座高: 790mm

整备质量: 151kg

燃油箱容积: 13L

参考售价: 28 180元

450RR

	45RR性能版	450RR新玩家版
发动机型式:	四缸/DOHC/16气门	四缸/DOHC/16气门
排量:	443ml	443mL
缸径×冲程:	59mm×40.5mm	59mm×40.5mm
压缩比:	12.9∶1	12.9∶1
最大功率:	51kW	51kW
最大扭矩:	39N·m	39N·m
外形尺寸(长×宽×高):	2 015mm×740mm×1 090mm	2 015mm×740mm×1 090mm
轴距:	1 385mm	1 385mm
最小离地间隙:	140mm	140mm
悬挂系统:	KYB全可调倒置式直径41mm前减震器(金色可选)	渝安倒置直径41mm前减震器
	KYB全可调外置气囊、中心独立后减震器	渝安内置气囊、中心独立后减震器
制动系统:	(前)双浮动盘/四活塞径卡钳/ABS	(前)双固定盘/双浮动卡钳/ABS
	(后)单盘/单活塞卡钳/ABS	(后)单盘/单活塞卡钳/ABS
轮胎规格:	120/70-17(玛吉斯)	(前)120/70-17(正新)
	160/60-17(玛吉斯)	(后)160/60-17(正新)
座高:	785、795mm(可变座高)	785、795mm(可变座高)
整备质量:	165kg	165kg
燃油箱容积:	15L	15L
参考售价:	39 800元	30 980元

力帆

LF400-5（V400）

发动机型式：V型双缸/DOHC/8气门/水冷

排量：397.5mL

缸径×冲程：61mm×68mm

压缩比：11.2∶1

最大功率：29kW（8 500r/min）

最大扭矩：37N·m（6 000r/min）

车架型式：环抱型

外形尺寸(长×宽×高)：2 340mm×980mm×1 090mm*

轴距：1 560mm

最小离地间隙：145mm

悬挂系统：（前）正立式前叉
（后）双减震器

制动系统：（前）直径320mm盘式制动/ABS
（后）直径260mm盘式制动/ABS

轮胎规格：（前）120/80-18 M/C
（后）180/70-15 M/C

座高：690mm

净质量：198kg

整备质量：210kg

燃油箱容积：16L

参考售价：22 999元

星舰6

发动机型式：V型双缸/水冷/SOHC

排量：573mL

缸径×冲程：80mm×57mm

压缩比：11.5∶1

最大功率：40kW（8 000r/min）

最大扭矩：55N·m（6 000r/min）

车架型式：双摇篮型

外形尺寸(长×宽×高)：2 474mm×932mm×1 276mm

轴距：1 616mm

最小离地间隙：155mm

悬挂系统：（前）直径47mm倒立式前叉
（后）KYB带内置气囊中置减震器

制动系统：（前）直径320mm盘式制动/ABS
（后）盘式制动/ABS

轮胎规格：（前）120/70-18
（后）160/60-16

座高：745mm

净质量：311kg

整备质量：345kg

燃油箱容积：20L

C150 Mate

发动机型式: 单缸/水冷
排量: 149mL
缸径×冲程: 57.4mm×57.8mm
压缩比: 10.9:1
最大功率: 10kW (8 000r/min)
最大扭矩: 13.7N·m (6 000r/min)
车架型式: 钢管型
外形尺寸 (长×宽×高): 1 950mm×715mm×
                    1 150mm
轴距: 1 350mm
最小离地间隙: 125mm
悬挂系统: (前) 正立式前叉
        (后) 单减震器
制动系统: (前) 盘式制动/ABS
        (后) 盘式制动/ABS
轮胎规格: (前) 120/70-12
        (后) 120/70-12
座高: 780mm
整备质量: 142kg
燃油箱容积: 7L
参考售价: 9 980元

S150

发动机型式: 单缸/水冷
排量: 150mL
缸径×冲程: 57.4mm×57.8mm
压缩比: 11:1
最大功率: 11kW (8 000r/min)
最大扭矩: 14.5N·m (5 000r/min)
车架型式: 钢管型
外形尺寸 (长×宽×高): 1 995mm×750mm×
                    1 125mm
轴距: 1 375mm
最小离地间隙: 125mm
悬挂系统: (前) 正立式前叉
        (后) 中置单减震器
制动系统: (前) 盘式制动/ABS
        (后) 盘式制动/ABS
轮胎规格: (前) 120/70-13
        (后) 130/70-13
座高: 780mm
整备质量: 140kg
燃油箱容积: 7.8L
参考售价: 11 980元

MBP

U150

发动机型式: 单缸/水冷

排量: 149.6mL

缸径×冲程: 57.4mm×57.8mm

压缩比: 10.9∶1

最大功率: 9.7kW（8 000r/min）

最大扭矩: 13.7N·m（5 000r/min）

车架型式: 钢管型

外形尺寸（长×宽×高）: 2 050mm×695mm× 1 185mm

轴距: 1 425mm

最小离地间隙: 135mm

悬挂系统: （前）正立式前叉 （后）双减震器

制动系统: （前）盘式制动/ABS （后）盘式制动/ABS

轮胎规格: （前）100/80-16 （后）120/70-14

座高: 790mm

整备质量: 146kg

燃油箱容积: 9.5L

参考售价: 11 980元

C150 运动版

发动机型式: 单缸/水冷

排量: 150mL

缸径×冲程: 57.4mm×57.8mm

压缩比: 10.9∶1

最大功率: 9.7kW（8 000r/min）

最大扭矩: 13.7N·m（5 000r/min）

车架型式: 钢管型

外形尺寸（长×宽×高）: 1 910mm×690mm× 1 140mm

轴距: 1 345mm

最小离地间隙: 120mm

悬挂系统: （前）正立式前叉 （后）单减震器

制动系统: （前）盘式制动/ABS （后）盘式制动/ABS

轮胎规格: （前）110/70-12 （后）120/70-12

座高: 785mm

整备质量: 138kg

燃油箱容积: 7L

参考售价: 9 980元

X150

发动机型式: 单缸/水冷
排量: 150mL
缸径×冲程: 57.3mm×58mm
压缩比: 10.6:1
最大功率: 9.5kW (8 250r/min)
最大扭矩: 12.5N·m (6 500r/min)
车架型式: 钢管型
外形尺寸(长×宽×高): 1 935mm×810mm× 1 260mm
轴距: 1 400mm
最小离地间隙: 125mm
悬挂系统: (前)正立式前叉 (后)气瓶双减震器
制动系统: (前)盘式制动/ABS (后)盘式制动/ABS
轮胎规格: (前)110/70-13 (后)130/70-13
座高: 795mm
整备质量: 148kg
燃油箱容积: 11.5L
参考售价: 12 980元

X250

发动机型式: 单缸/水冷
排量: 244mL
缸径×冲程: 72mm×60mm
压缩比: 11.0:1
最大功率: 18.0kW (8 750r/min)
最大扭矩: 22.2N·m (6 750r/min)
车架型式: 钢管型
外形尺寸(长×宽×高): 1 930mm×810mm× 1 260mm
轴距: 1 400mm
最小离地间隙: 125mm
悬挂系统: (前)正立式前叉 (后)气瓶双减震器
制动系统: (前)盘式制动/ABS (后)盘式制动/ABS
轮胎规格: (前)110/70-13 (后)130/70-13
座高: 795mm
整备质量: 164kg
燃油箱容积: 11.5L
参考售价: 15 980元

X300

发动机型式: 单缸/水冷
排量: 278mL
缸径×冲程: 75mm×63mm
压缩比: 11.0:1
最大功率: 19.0kW (8 250r/min)
最大扭矩: 24.2N·m (7 000r/min)
车架型式: 钢管型
外形尺寸(长×宽×高): 1 930mm×810mm× 1 260mm
轴距: 1 400mm
最小离地间隙: 125mm
悬挂系统: (前)正立式前叉 (后)气瓶双减震器
制动系统: (前)盘式制动/ABS (后)盘式制动/ABS
轮胎规格: (前)110/70-13 (后)130/70-13
座高: 795mm
整备质量: 164kg
燃油箱容积: 11.5L
参考售价: 18 980元

摩托莫里尼

X-CAPE 探险版

发动机型式: 并列双缸/水冷/4气门
排量: 649mL
缸径×冲程: 83mm×60mm
压缩比: 11.3:1
最大功率: 45kW(8 500r/min)
最大扭矩: 56N·m(7 000r/min)
车架型式: 钢管编织型
外形尺寸(长×宽×高): 2 200mm×900mm×1 390mm
轴距: 1 490mm
最小离地间隙: 175mm
悬挂系统: (前)倒立式前叉
　　　　　　(后)单减震器
制动系统: (前)直径298mm双盘制动/Brembo对向四活塞卡钳/ABS
　　　　　　(后)直径255mm单盘制动/Brembo双活塞卡钳/ABS
轮胎规格: (前)110/80 R19
　　　　　　(后)150/70 R17
座高: 810mm/835mm
整备质量: 233kg
燃油箱容积: 18L
参考售价: 48 880元

Seiemmezzo 6 1/2 攀爬版

发动机型式: 并列四缸/水冷/4气门
排量: 649mL
缸径×冲程: 83mm×60mm
压缩比: 11.3:1
最大功率: 45kW(11 000r/min)
最大扭矩: 56N·m(8 000r/min)
车架型式: 钢管型
外形尺寸(长×宽×高): 2 150mm×890mm×1 150mm
轴距: 1 440mm
最小离地间隙: 170mm
悬挂系统: (前)倒立式前叉
　　　　　　(后)单减震器
制动系统: (前)直径298mm双式制动/ABS
　　　　　　(后)直径255mm单盘制动/ABS
轮胎规格: (前)120/70 ZR18
　　　　　　(后)160/60 ZR17
座高: 795mm
整备质量: 215kg
燃油箱容积: 15.5L
参考售价: 44 800元

CALIBRO 旅行版

发动机型式: 并列双缸/水冷/4气门
排量: 693mL
缸径×冲程: 83mm×64mm
压缩比: 11.6:1
最大功率: 55kW(8 500r/min)
最大扭矩: 68N·m(6 500r/min)
车架型式: 钢管摇篮型
外形尺寸(长×宽×高): 2 220mm×860mm×1 260mm
轴距: 1 490mm
最小离地间隙: 140mm
悬挂系统: (前)正立式前叉
　　　　　　(后)双减震器
制动系统: (前)直径320mm单盘制动/双活塞卡钳/ABS
　　　　　　(后)直径255mm单盘制动/单活塞卡钳/ABS
轮胎规格: (前)130/70 ZR18
　　　　　　(后)180/65 ZR16
座高: 705mm
净质量: 218kg
燃油箱容积: 15L
参考售价: 34 800元

赛 921

发动机型式: 并列四缸/水冷/4气门

排量: 921mL

缸径×冲程: 73mm×55mm

压缩比: 13:1

最大功率: 95kW(10 000r/min)

最大扭矩: 93N·m(8 000r/min)

车架型式: 钢管型

外形尺寸(长×宽×高): 2 085mm×790mm× 1 130mm

轴距: 1 425mm

最小离地间隙: 130mm

悬挂系统: (前)Marzocchi倒立式前叉
(后)单减震器

制动系统: (前)直径320mm双盘制动/Brembo 对向四活塞卡钳/ABS
(后)直径260mm单盘制动/Brembo 卡钳/ABS

轮胎规格: (前)120/70 ZR17
(后)180/50 ZR17

座高: 835mm

整备质量: 215kg

燃油箱容积: 16L

参考售价: 69 999元

赛 600RS

发动机型式: 并列四缸/水冷/4气门

排量: 680mL

缸径×冲程: 67mm×48.2mm

压缩比: 11.5:1

最大功率: 74.5kW(11 500r/min)

最大扭矩: 68N·m(9 000r/min)

车架型式: 钢管型

外形尺寸(长×宽×高): 2 085mm×770mm× 1 150mm

轴距: 1 450mm

最小离地间隙: 130mm

悬挂系统: (前)倒立式前叉
(后)单减震器

制动系统: (前)直径320mm双盘制动/Brembo 对向四活塞卡钳/ABS
(后)直径260mm单盘制动/Brembo 双活塞卡钳/ABS

轮胎规格: (前)120/70 ZR17
(后)180/55 ZR17

座高: 815mm/830mm

整备质量: 206kg

燃油箱容积: 16L

参考售价: 38 999元

QJMOTOR

赛 450

发动机型式: 并列双缸/水冷

排量: 449mL

缸径×冲程: 70.0mm×58.4mm

压缩比: 11.5:1

最大功率: 39kW(9 500r/min)

最大扭矩: 43N·m(8 000r/min)

车架型式: 钢管型

外形尺寸(长×宽×高): 2 030mm×750mm× 1 150mm

轴距: 1 380mm

最小离地间隙: 135mm

悬挂系统: (前)倒立式前叉
(后)单减震器

制动系统: (前)双盘制动/ABS
(后)单盘制动//ABS

轮胎规格: (前)110/70 R17
(后)150/60 R17

座高: 785mm

整备质量: 173kg

燃油箱容积: 14.8L

参考售价: 28 999元

赛 550S

发动机型式: 并列双缸/水冷

排量: 549mL

压缩比: 13:1

最大功率: 45kW(8 500r/min)

最大扭矩: 55N·m(6 000r/min)

车架型式: 钢管型

外形尺寸(长×宽×高): 2 090mm×770mm× 1 155mm

轴距: 1 420mm

悬挂系统: (前)直径41mm倒立式前叉
(后)单减震器

制动系统: (前)直径320mm双盘制动/Brembo
对向四活塞卡钳/ABS
(后)直径260mm单盘制动/Brembo
单活塞卡钳/ABS

轮胎规格: (前)120/70-17
(后)160/60-17

座高: 810mm

整备质量: 186kg

燃油箱容积: 16.5L

参考售价: 29 999元

骁 800 越野版

发动机型式: 并列双缸/水冷/4气门
排量: 799mL
缸径×冲程: 88mm×65.7mm
压缩比: 12.7：1
最大功率: 71kW（9 000r/min）
最大扭矩: 79N·m（7 700r/min）
车架型式: 钢管编织型
外形尺寸（长×宽×高）: 2 260mm×950mm× 1 395mm
轴距: 1 540mm
最小离地间隙: 180mm
悬挂系统: （前）KYB倒立式前叉
（后）KYB单减震器
制动系统: （前）双盘制动/Brembo对向四活塞 卡钳/ABS
（后）单盘制动/Brembo双活塞 卡钳/ABS
轮胎规格: （前）110/80 R19
（后）150/70 R17
座高: 835mm
整备质量: 247kg
燃油箱容积: 24L
参考售价: 53 999元

骁 700S 越野版

发动机型式: 并列双缸/水冷/4气门
排量: 698mL
最大功率: 54kW（8 000r/min）
最大扭矩: 67N·m（6 000r/min）
车架型式: 钢管编织型
外形尺寸（长×宽×高）: 2 330mm×940mm× 1 395mm
轴距: 1 500mm
悬挂系统: （前）KYB倒立式前叉
（后）Marzocchi单减震器
制动系统: （前）直径320mm双盘制动/Brembo 对向四活塞卡钳/ABS
（后）直径260mm单盘制动/Brembo 双活塞卡钳/ABS
轮胎规格: （前）110/80 R19
（后）150/70 R17
座高: 795mm
整备质量: 238kg
燃油箱容积: 19.5L
参考售价: 41 999元

QJMOTOR

闪 700

发动机型式: 并列双缸/水冷

排量: 693mL

缸径×冲程: 83.0mm×64.0mm

压缩比: 11.6:1

最大功率: 56.0kW(8 750r/min)

最大扭矩: 68.2N·m(6 250r/min)

车架型式: 钢管编织型

外形尺寸(长×宽×高): 2 230mm×830mm× 1 160mm

轴距: 1 580mm

悬挂系统: (前)倒立式前叉

(后)单减震器

制动系统: (前)直径300mm双盘制动/双活塞卡钳/ABS

(后)直径260mm单盘制动/单活塞卡钳/ABS

轮胎规格: (前)130/90-16

(后)150/80-16

座高: 750mm

整备质量: 208kg

燃油箱容积: 16L

参考售价: 39 999元

闪 600

发动机型式: V型四缸/水冷/4气门

排量: 600mL

缸径×冲程: 61mm×48mm

压缩比: 11.5:1

最大功率: 50kW(10 500r/min)

最大扭矩: 54N·m(8 000r/min)

车架型式: 钢管摇篮型

外形尺寸(长×宽×高): 2 280mm×820mm× 1 115mm

轴距: 1 580mm

最小离地间隙: 140mm

悬挂系统: (前)Marzocchi倒立式前叉

(后)Marzocchi双减震器

制动系统: (前)直径300mm双盘制动/对向四活塞卡钳/ABS

(后)直径260mm单盘制动/单活塞卡钳/ABS

轮胎规格: (前)130/90-16

(后)180/65-16

座高: 720mm

整备质量: 219kg

燃油箱容积: 16L

参考售价: 35 999元

闪 300AMT

发动机型式： V型双缸/水冷
排量： 296mL
最大功率： 22.6kW（9 000r/min）
最大扭矩： 26N·m（7 000r/min）
车架型式： 钢管型
外形尺寸（长×宽×高）： 2 110mm×840mm×
1 080mm
轴距： 1 400mm
悬挂系统：（前）倒立式前叉
（后）双减震器
制动系统：（前）盘式制动/ABS
（后）盘式制动/ABS
轮胎规格：（前）120/80-16
（后）150/80-15
座高： 700mm
整备质量： 163kg
燃油箱容积： 13.5L
参考售价： 23 999元

闪 250V

发动机型式： V型双缸/水冷
排量： 249mL
缸径×冲程： 72mm×61.2mm
压缩比： 10.3：1
最大功率： 20.7kW（9 000r/min）
最大扭矩： 23.5N·m（8 000r/min）
车架型式： 钢管型
外形尺寸（长×宽×高）： 2 110mm×840mm×
1 080mm
轴距： 1 400mm
最小离地间隙： 160mm
悬挂系统：（前）倒立式前叉
（后）双减震器
制动系统：（前）盘式制动/ABS
（后）盘式制动/ABS
轮胎规格：（前）120/80-16
（后）150/80-15
座高： 700mm
整备质量： 151kg
燃油箱容积： 13.5L
参考售价： 16 999元

QJMOTOR

追 600

发动机型式：并列四缸/水冷/4气门

排量：600mL

缸径×冲程：65mm×45.2mm

压缩比：11.5∶1

最大功率：60kW（11 000r/min）

最大扭矩：55N·m（8 000r/min）

车架型式：钢管编织型

外形尺寸（长×宽×高）：2 140mm×790mm× 1 080mm

轴距：1 460mm

最小离地间隙：150mm

悬挂系统：（前）倒立式前叉

（后）单减震器

制动系统：（前）双盘式制动/ABS

（后）盘式制动/ABS

轮胎规格：（前）120/70 ZR17

（后）180/55 ZR17

座高：800mm

整备质量：229kg

燃油箱容积：15L

参考售价：36 999元

追 550

发动机型式：并列双缸/水冷

排量：549mL

最大功率：45kW（8 500r/min）

最大扭矩：55N·m（6 600r/min）

车架型式：钢管型

外形尺寸（长×宽×高）：2 090mm×865mm× 1 165mm

轴距：1 420mm

最小离地间隙：160mm

悬挂系统：（前）倒立式前叉

（后）单减震器

制动系统：（前）直径320mm双盘制动/ABS

（后）直径260mm单盘制动/ABS

轮胎规格：（前）120/70 R17

（后）160/60 R17

座高：810mm

整备质量：180kg

燃油箱容积：15L

参考售价：26 999元

逸 550

发动机型式: 并列双缸/水冷

排量: 549mL

缸径×冲程: 70.5mm×70.3mm

压缩比: 11.5：1

最大功率: 37.5kW (7 500r/min)

最大扭矩: 51N·m (5 500r/min)

车架型式: 钢管型

外形尺寸 (长×宽×高): 2 100mm×880mm× 1 160mm

轴距: 1 440mm

悬挂系统: (前) 倒立式前叉
(后) 单减震器

制动系统: (前) 双盘制动/ABS
(后) 单盘制动/ABS

轮胎规格: (前) 120/70 ZR17
(后) 160/60 ZR17

座高: 785mm

整备质量: 193kg

燃油箱容积: 16L

参考售价: 33 999元

鸿 350 GT

发动机型式: 单缸/水冷/四冲程

排量: 350mL

缸径×冲程: 80.0mm×69.6mm

最大功率: 25.2kW (7 500r/min)

最大扭矩: 35.2N·m (6 000r/min)

车架型式: 钢管型

外形尺寸 (长×宽×高): 2 320mm×780mm× 1 390mm

轴距: 1 565mm

最小离地间隙: 150mm

悬挂系统: (前) 正立式前叉
(后) 双减震器

制动系统: (前) 双盘制动/ABS
(后) 单盘制动/ABS

轮胎规格: (前) 120/70-15
(后) 150/70-14

座高: 775mm

整备质量: 195kg

燃油箱容积: 14L

参考售价: 29 999元

QJMOTOR

鸿 250 ADV

发动机型式: 单缸/水冷/四冲程
排量: 249mL
最大功率: 19.0kW（8 000r/min）
最大扭矩: 24.5N·m（6 500r/min）
车架型式: 钢管型
外形尺寸（长×宽×高）: 1 990mm×770mm× 1 210mm
轴距: 1 360mm
悬挂系统:（前）正立式前叉
（后）气瓶双减震器
制动系统:（前）直径240mm盘式制动/双活塞卡钳/ABS
（后）直径220mm盘式制动/双活塞卡钳/ABS
轮胎规格:（前）110/80-14
（后）130/70-13
座高: 795mm
整备质量: 158kg
燃油箱容积: 12.5L
参考售价: 15 999元

鸿 150 RS

发动机型式: 单缸/水冷/4气门
排量: 149mL
缸径×冲程: 57.3mm×57.9mm
压缩比: 12.2∶1
最大功率: 12.2kW（8 500r/min）
最大扭矩: 14.8N·m（6 500r/min）
车架型式: 钢管型
外形尺寸（长×宽×高）: 2 005mm×685mm× 1 170mm
轴距: 1 345mm
悬挂系统:（前）正立式前叉
（后）单减震器
制动系统:（前）盘式制动/ABS
（后）盘式制动/ABS
轮胎规格:（前）90/90-12
（后）100/80-12
座高: 770mm
整备质量: 128kg
燃油箱容积: 7L
参考售价: 10 999元

鸿 150

发动机型式: 单缸/水冷/4气门
排量: 149mL
缸径×冲程: 57.3mm×57.9mm
压缩比: 12.2∶1
最大功率: 12.2kW（8 500r/min）
最大扭矩: 14.8N·m（6 500r/min）
车架型式: 钢管型
外形尺寸（长×宽×高）: 1 945mm×755mm× 1 230mm
轴距: 1 325mm
最小离地间隙: 140mm
悬挂系统:（前）正立式前叉
（后）双减震器
制动系统:（前）直径240mm盘式制动/ABS
（后）直径220mm盘式制动/ABS
轮胎规格:（前）110/80-14
（后）130/70-13
座高: 765mm
整备质量: 131kg
燃油箱容积: 8L
参考售价: 16 999元

鸿 150 ADV

发动机型式: 单缸/水冷
排量: 149mL
最大功率: 10.5kW（8 500r/min）
最大扭矩: 14.0N·m（6 000r/min）
车架型式: 钢管型
外形尺寸（长×宽×高）: 1 990mm×755mm×1 210mm
轴距: 1 325mm
最小离地间隙: 165mm
悬挂系统: （前）正立式前叉
（后）双减震器
制动系统: （前）直径240mm盘式制动/ABS
（后）直径220mm盘式制动/ABS
轮胎规格: （前）110/80-14
（后）130/70-13
座高: 795mm
整备质量: 132kg
燃油箱容积: 8L
参考售价: 16 999元

鸿 125

发动机型式: 单缸/风冷
排量: 124mL
最大功率: 6.9kW（7 000r/min）
最大扭矩: 10N·m（6 000r/min）
车架型式: 钢管型
外形尺寸（长×宽×高）: 1 895mm×685mm×1 090mm
轴距: 1 285mm
最小离地间隙: 120mm
悬挂系统: （前）正立式前叉
（后）单减震器
制动系统: （前）盘式制动/ABS
（后）盘式制动/ABS
轮胎规格: （前）90/90-12
（后）100/90-10
座高: 750mm
整备质量: 110kg
燃油箱容积: 6L
参考售价: 10 699元

阳光迪诺

发动机型式: 单缸/水冷/4气门
排量: 149.3mL
最大功率: 12.2kW（8 500r/min）
最大扭矩: 14.8N·m（6 500r/min）
车架型式: 钢管型
外形尺寸（长×宽×高）: 1 900mm×710mm×1 160mm
轴距: 1 300mm
悬挂系统: （前）正立式前叉
（后）单减震器
制动系统: （前）直径190mm盘式制动/ABS
（后）直径225mm盘式制动/ABS
轮胎规格: （前）90/90-12
（后）100/80-12
座高: 770mm
整备质量: 118kg
燃油箱容积: 8L
参考售价: 12 980元

赛科龙

赛科龙 RC600

发动机型式: 水冷/8气门/直列双缸

排量: 560mL

最大功率: 43.5kW (8 500r/min)

最大扭矩: 55N·m (6 500r/min)

外形尺寸(长×宽×高): 2 060mm×790mm× 1 150mm

轴距: 1 430mm

最小离地间隙: 140mm

悬挂系统: (前) 可调倒置式前减震器

（后）后中置单减震器

制动系统: (前) 盘式制动

（后）盘式制动

轮胎规格: (前) 120/70 ZR17

（后）160/60 ZR17

座高: 790mm

整备质量: 186kg

燃油箱容积: 15L

赛科龙 RA600

发动机型式: 水冷/8气门/直列双缸

排量: 560mL

最大功率: 43.5kW (8 500r/min)

最大扭矩: 55N·m (6 500r/min)

外形尺寸(长×宽×高): 2 190mm×855mm× 1 115mm

轴距: 1 510mm

最小离地间隙: 150mm

悬挂系统: (前) 正置前减震器

（后）中心后减震器

制动系统: (前) 盘式制动

（后）盘式制动

轮胎规格: (前) 130/90 R16

（后）150/80 R16

座高: 750mm

整备质量: 198kg

燃油箱容积: 14.5L

赛科龙 AQS401

发动机型式: 水冷/8气门/直列双缸

排量: 400mL

最大功率: 33kW(9 500r/min)

最大扭矩: 37N·m(8 000r/min)

外形尺寸(长×宽×高): 2 175mm×845mm× 1 145mm

轴距: 1 480mm

最小离地间隙: 140mm

悬挂系统: (前)战斧前减震器

(后)液压阻尼后减震器

制动系统: (前)盘式制动

(后)盘式制动

轮胎规格: (前)120/80-17

(后)150/70-17

座高: 730mm

整备质量: 185kg

燃油箱容积: 17L

参考售价: 经典版22 988元

AMT版24 988元

三阳

JET SL

发动机型式: 水冷/4气门/单缸

排量: 149.6mL

最大功率: 10.5kW(8 500r/min)

最大扭矩: 13.5N·m(6 500r/min)

外形尺寸(长×宽×高): 1 820mm× 680mm× 1 095mm

轴距: 1 295mm

最小离地间隙: 98mm

悬挂系统:(前)正置减震器
（后）3段可调双后减震器

制动系统:(前)226mm盘式制动/ABS
（后）220mm盘式制动/ABS

轮胎规格:(前)110/70-12
（后)120/70-12

座高: 770mm

整备质量: 130kg

燃油箱容积: 6.5L

参考售价: 12 980元

Cruisym 400

发动机型式: 水冷/4气门/单缸

排量: 399mL

最大功率: 25kW(6 750r/min)

最大扭矩: 37N·m(5 000r/min)

外形尺寸(长×宽×高): 2 230mm× 820mm× 1 360mm

轴距: 1 552mm

悬挂系统:(前)正置减震器
（后）5段可调双后减震器

制动系统:(前)288mm 盘式制动/ABS/TCS
（后)275mm 盘式制动/ABS/TCS

轮胎规格:(前)120/70 R15
（后)160/60 R14

座高: 785mm

整备质量: 222kg

燃油箱容积: 14.5L

参考售价: 36 980元

Husky ADV 300

发动机型式：水冷/4气门/单缸

排量：278.3mL

最大功率：19.0kW（8 000r/min）

最大扭矩：26.0N·m（6 000r/min）

外形尺寸（长×宽×高）：2 185mm×810mm× 1 325mm

轴距：1 510mm

最小离地间隙：150mm

悬挂系统：（前）正置减震器
　　　　　（后）5段可调双后减震器

制动系统：（前）260mm盘式制动/ABS/TCS
　　　　　（后）240mm盘式制动/ABS/TCS

轮胎规格：（前）120/70-15
　　　　　（后）140/70-14

座高：780mm±5mm

整备质量：200kg

燃油箱容积：16L

参考售价：31 800元

迪爵 125

发动机型式：风冷/2气门/单缸

排量：125mL

最大功率：7.1kW

最大扭矩：10.4N·m

外形尺寸（长×宽×高）：1 860（护杠版）/ 1 800（标准版）mm× 700mm×1 090mm

轴距：1 250mm

悬挂系统：（前）正置减震器
　　　　　（后）后置单避震器

制动系统：（前）205mm盘式制动/CBS
　　　　　（后）130mm鼓式制动/CBS

轮胎规格：（前）3.5-10 51J
　　　　　（后）3.5-10 51J

座高：743mm

整备质量：107（护杠版）/102（标准版）kg

燃油箱容积：6.5L

Cruisym GT

发动机型式：水冷/4气门//单缸

排量：149.6mL

最大功率：10.5kW（8 500r/min）

最大扭矩：13.5N·m（6 500r/min）

外形尺寸（长×宽×高）：2 015mm×760mm× 1 208mm

轴距：1 375mm

悬挂系统：（前）正置减震器
　　　　　（后）3段可调双后减震器

制动系统：（前）260mm盘式制动/ABS/TCS
　　　　　（后）220mm盘式制动/ABS/TCS

轮胎规格：（前）100/90-14
　　　　　（后）120/80-14

整备质量：145kg

燃油箱容积：12L

参考售价：15 980元

台荣

荣 250

发动机型式: 水冷/单缸/四冲程

排量: 250mL

缸径×冲程: 72mm×60mm

压缩比: 11∶1

最大功率: 18.5kW(8 500r/min)

最大扭矩: 22.5N·m(6 500r/min)

车架型式: 龙骨型

外形尺寸(长×宽×高): 2 090mm×765mm× 1 360mm

轴距: 1 490mm

最小离地间隙: 150mm

悬挂系统:(前)直径33mm正立式前叉

(后)直径54mm双减震器(气囊)

制动系统:(前)直径260mm盘式制动/ABS

(后)盘式制动/ABS

轮胎规格:(前)120/70-14

(后)140/60-13

座高: 780mm

净质量: 162kg

整备质量: 177kg

燃油箱容积: 13L

参考售价: 13 555元/15 555元

CU250

发动机型式: V型双缸/水冷/8气门

排量: 250mL

缸径×冲程: 53.3mm×56mm

压缩比: 12:1

最大功率: 20kW (9 000r/min)

最大扭矩: 23N·m (7 000r/min)

车架型式: 摇篮型

外形尺寸(长×宽×高): 2 205mm×820mm× 1 090mm

轴距: 1 460mm

最小离地间隙: 175mm

悬挂系统: (前)倒置减震器
(后)侧置双减震器

制动系统: (前)单盘/对向四活塞辐射卡钳/ABS
(后)单盘/单活塞卡钳/ABS

轮胎规格: (前)120/80-16
(后)150/80-15

座高: 710mm

净质量: 163kg

燃油箱容积: 15L

参考售价: 16 980元

CU525 都市版

发动机型式: 直列双缸/水冷/8气门

排量: 494mL

缸径×行程: 68mm×68mm

压缩比: 11.5:1

最大功率: 39.6kW (8 500r/min)

最大扭矩: 50.5N·m (7 000r/min)

车架型式: 摇篮型

外形尺寸(长×宽×高): 2 225mm×845mm× 1 105mm

轴距: 1 480mm

最小离地间隙: 160mm

悬挂系统: (前)倒置减震器
(后)侧置双减震器

制动系统: (前)单盘/对向四活塞辐射卡钳/ABS
(后)单盘/单活塞卡钳/ABS

轮胎规格: (前)130/90-16
(后)150/80-16

座高: 710mm

净质量: 168kg

燃油箱容积: 15L

参考售价: 26 666元

无极

无极 SR250GT PRO

发动机型式: 单缸/4气门/水冷/SOHC

排量: 244 mL

缸径×行程: 72mm×60mm

压缩比: 11.5∶1

最大功率: 19kW (8 250r/min)

最大扭矩: 23N·m (6 500r/min)

车架型式: 摇篮型

外形尺寸 (长×宽×高): 2 100mm×795mm×
1 390mm

轴距: 1 525mm

最小离地间隙: 140mm

悬挂系统: (前) 正置减震器/直径35mm

(后) 侧置双减震器

制动系统: (前) 单盘/直径260mm/双活塞卡钳

(后) 单盘/直径240mm/双活塞卡钳

轮胎规格: (前) 120/70-14

(后) 140/60-13

座高: 770mm

整备质量: 165kg

燃油箱容积: 14L

参考售价: 17 666~18 888元

无极 SR150C

发动机型式: 单缸/4气门/水冷/SOHC

排量: 149mL

缸径×行程: 57.3mm×58mm

压缩比: 11.5∶1

最大功率: 11.6kW (8 500r/min)

最大扭矩: 14.7N·m (6 500r/min)

车架型式: 钢管单摇篮型

外形尺寸 (长×宽×高): 1 955mm×705mm×
1 165mm

轴距: 1 350mm

最小离地间隙: 115mm

悬挂系统: (前) 正置减震器

(后) 侧置双减震器

制动系统: (前) 单盘/双活塞卡钳

(后) 单盘/单活塞卡钳

轮胎规格: (前) 120/70-12

(后) 130/70-12

座高: 755mm

整备质量: 135kg

燃油箱容积: 9L

参考售价: 13 980元

DS525X 旷野版

发动机型式: 水冷/8气门/DOHC/直列双缸

排量: 494 mL

缸径×冲程: 68 mm×68 mm

压缩比: 11.5∶1

最大功率: 41 kW (9 000 r/min)

最大扭矩: 50.5 N·m (7 500 r/min)

车架型式: 双翼梁

外形尺寸 (长×宽×高): 2 220mm×820mm×
1 360mm (标准)
2 226mm×940mm×
1 360mm (三箱)

轴距: 1 450mm

最小离地间隙: 220mm

悬挂系统: (前) 直径41mm/倒立式前叉

(后) 中置/多连杆/可调气囊后减震器

制动系统: (前) 双盘/直径298mm/双活塞
卡钳/ABS

(后) 单盘/直径240mm/单活塞
卡钳/ ABS

轮胎规格: (前) 110/80 R19

(后) 150/70 R17

座高: 835 mm

整备质量: 198/216 kg

燃油箱容积: 18 L

参考售价: 31 766 元
35 776 元

DS900X

发动机型式: 水冷/8气门/DOHC/直列双缸

排量: 895mL

缸径×冲程: 86mm×77 mm

压缩比: 13.1:1

最大功率: 71kW(8 250r/min)

最大扭矩: 95N·m(6 000r/min)

车架型式: 双翼梁

外形尺寸(长×宽×高): 2 325mm×940mm×
1 420mm(标准)
2 325mm×995mm×
1 420mm(三箱)

轴距: 1 580mm

最小离地间隙: 210mm

悬挂系统: (前)倒置减震器/直径43mm/预载阻尼全
可调
(后)中置/直推/预载阻尼全可调

制动系统: (前)双盘/直径305mm/双活塞卡钳
(后)单盘/直径265mm/单活塞卡钳

轮胎规格: (前)90/90-21
(后)150/70-17

座高: 835mm

整备质量: 234 kg(标准) 253 kg(三箱)

燃油箱容积: 17 L

参考售价: 54 980元/58 980元

RR660S

发动机型式: 水冷/16气门/DOHC/直列四缸

排量: 662.8mL

缸径×冲程: 67mm×47mm

压缩比: 11.8:1

最大功率: 74kW(11 500r/min)

最大扭矩: 64N·m(10 000r/min)

车架型式: 双翼梁

外形尺寸(长×宽×高): 2 090mm×750mm×
1 210mm

轴距: 1 450mm

最小离地间隙: 130mm

悬挂系统: (前)直径43mm倒立式前叉
(后)中置减震器

制动系统: (前)双盘/对向四活塞辐射卡钳/ABS
(后)单盘/单活塞卡钳/ABS

轮胎规格: (前)120/70 ZR17
(后)180/55 ZR17

座高: 810mm

净质量: 206kg

燃油箱容积: 15.5L

参考售价: 37 666元

五羊-本田

CGX150

发动机型式: 风冷/单缸

排量: 150mL

缸径×冲程: 57.3mm×57.8mm

压缩比: 9.5∶1

最大功率: 8.8kW (7 500r/min)

最大扭矩: 12.5N·m (5 500r/min)

车架型式: 钢管型

外形尺寸(长×宽×高): 1 960mm×780mm× 1 014mm

轴距: 1 308mm

最小离地间隙: 160mm

悬挂系统: (前)正立式前叉 (后)双减震器

制动系统: (前)盘式制动/ABS (后)盘式制动

轮胎规格: (前)90/90-17 (后)110/80-17

座高: 740mm

整备质量: 125kg

燃油箱容积: 10L

参考售价: 10 080元

CGX150 特别版

发动机型式: 风冷/单缸

排量: 150mL

缸径×冲程: 57.3mm×57.8mm

压缩比: 9.5∶1

最大功率: 8.8kW (7 500r/min)

最大扭矩: 12.5N·m (5 500r/min)

车架型式: 钢管型

外形尺寸(长×宽×高): 1 960mm×766mm× 1 014mm

轴距: 1 308mm

最小离地间隙: 160mm

悬挂系统: (前)正立式前叉 (后)双减震器

制动系统: (前)盘式制动/ABS (后)盘式制动

轮胎规格: (前)90/90-17 (后)110/80-17

座高: 740mm

整备质量: 126kg

燃油箱容积: 10L

参考售价: 10 080元

NWX125 ABS 版

发动机型式: 风冷/单缸

排量: 124mL

缸径×冲程: 50mm×63.1mm

压缩比: 10∶1

最大功率: 7kW（7 750r/min）

最大扭矩: 10N·m（5 750r/min）

车架型式: 钢管型

外形尺寸(长×宽×高): 1 760mm×680mm× 1 110mm

轴距: 1 246mm

最小离地间隙: 133mm

悬挂系统:（前）正立式前叉 （后）单筒减震器

制动系统:（前）盘式制动/ABS （后）鼓式制动

轮胎规格:（前）90/90-12 （后）100/90-10

座高: 760mm

整备质量: 104kg

燃油箱容积: 5.7L

参考售价: 10 490元

Spacy125 ABS 版

发动机型式: 风冷/单缸

排量: 124mL

缸径×冲程: 50mm×63.1mm

压缩比: 10∶1

最大功率: 7kW（7 750r/min）

最大扭矩: 10N·m（5 750r/min）

车架型式: 钢管型

外形尺寸(长×宽×高): 1 810mm×680mm× 1 090mm

轴距: 1 246mm

最小离地间隙: 133mm

悬挂系统:（前）正立式前叉 （后）单筒减震器

制动系统:（前）盘式制动/ABS （后）鼓式制动

轮胎规格:（前）90/90-12 （后）100/90-10

座高: 735mm

整备质量: 100kg

燃油箱容积: 5.7L

参考售价: 10 180元

五羊-本田

NPF125 ABS 版

发动机型式: 风冷/单缸

排量: 124mL

缸径×冲程: 50mm×63.1mm

压缩比: 10:1

最大功率: 7kW (7 750r/min)

最大扭矩: 10N·m (5 750r/min)

车架型式: 钢管型

外形尺寸(长×宽×高): 1 851mm×683mm× 1 103mm

轴距: 1 246mm

最小离地间隙: 120mm

悬挂系统: (前)正立式前叉 (后)单筒减震器

制动系统: (前)盘式制动/ABS (后)鼓式制动

轮胎规格: (前)90/90-12 (后)100/90-10

座高: 755mm

整备质量: 104kg

燃油箱容积: 5.7L

参考售价: 11 990元

SCR125

发动机型式: 风冷/单缸

排量: 124mL

缸径×冲程: 50mm×63.1mm

压缩比: 10:1

最大功率: 7kW (7 750r/min)

最大扭矩: 10N·m (5 750r/min)

车架型式: 钢管型

外形尺寸(长×宽×高): 1 826mm×687mm× 1 090mm

轴距: 1 246mm

最小离地间隙: 133mm

悬挂系统: (前)正立式前叉 (后)单筒减震器

制动系统: (前)盘式制动 (后)鼓式制动

轮胎规格: (前)90/90-12 (后)100/90-10

座高: 735mm

整备质量: 100kg

燃油箱容积: 5.7L

参考售价: 7 580元起

F125 ABS 版

发动机型式: 风冷/单缸

排量: 124mL

缸径×冲程: 50mm×63.1mm

压缩比: 10:1

最大功率: 7kW (7 750r/min)

最大扭矩: 10N·m (5 750r/min)

车架型式: 钢管型

外形尺寸(长×宽×高): 1 818mm×686mm× 1 110mm

轴距: 1 246mm

最小离地间隙: 120mm

悬挂系统: (前)正立式前叉

(后)单筒减震器

制动系统: (前)盘式制动/ABS

(后)鼓式制动

轮胎规格: (前)90/90-12

(后)100/90-10

座高: 745mm

整备质量: 107kg

燃油箱容积: 5.7L

参考售价: 12 180元

LD125 ABS 版

发动机型式: 风冷/单缸

排量: 124mL

缸径×冲程: 50mm×63.1mm

压缩比: 10:1

最大功率: 7kW (7 750r/min)

最大扭矩: 10N·m (5 750r/min)

车架型式: 钢管型

外形尺寸(长×宽×高): 1 820mm×688mm× 1 122mm

轴距: 1 246mm

最小离地间隙: 133mm

悬挂系统: (前)正立式前叉

(后)单筒减震器

制动系统: (前)盘式制动/ABS

(后)鼓式制动

轮胎规格: (前)90/90-12

(后)100/90-10

座高: 735mm

整备质量: 102kg

燃油箱容积: 5.7L

参考售价: 12 180元

NSP

发动机型式: 风冷/单缸

排量: 184mL

缸径×冲程: 61mm×63.1mm

压缩比: 9.5 : 1

最大功率: 12.4kW (8 000r/min)

最大扭矩: 16.3N·m (7 000r/min)

车架型式: 钢管钻石型

外形尺寸 (长×宽×高): 2 029mm×739mm× 1 082mm

轴距: 1 356mm

最小离地间隙: 150mm

悬挂系统: (前) 倒立式前叉
(后) 中置减震器

制动系统: (前) 盘式制动/ABS
(后) 盘式制动/ABS

轮胎规格: (前) 110/70 R17
(后) 140/70 R17

整备质量: 145kg

燃油箱容积: 12L

参考售价: 12 800元起

CB190X

发动机型式: 风冷/单缸

排量: 184mL

缸径×冲程: 61mm×63.1mm

压缩比: 9.5 : 1

最大功率: 12kW (8 000r/min)

最大扭矩: 15.4N·m (7 000r/min)

车架型式: 钢管钻石型

外形尺寸 (长×宽×高): 2 030mm×805mm× 1 360mm (标准版)
2 125mm×920mm× 1 360mm (摩旅版)

轴距: 1 355mm

最小离地间隙: 160mm

悬挂系统: (前) 正立式前叉
(后) 中置减震器

制动系统: (前) 盘式制动/ABS
(后) 盘式制动

轮胎规格: (前) 110/70-17
(后) 140/70-17

整备质量: 150kg (标准版)
169kg (摩旅版)

燃油箱容积: 14L

参考售价: 16 680元 (标准版) 19 680元 (摩旅版)

CB190SS

发动机型式: 风冷/单缸

排量: 184mL

缸径×冲程: 61mm×63.1mm

压缩比: 9.5：1

最大功率: 12.4kW（8 000r/min）

最大扭矩: 16N·m（7 000r/min）

车架型式: 钢管钻石型

外形尺寸（长×宽×高）: 2 020mm×775mm×
1 070mm

轴距: 1 360mm

最小离地间隙: 170mm

悬挂系统:（前）倒立式前叉
　　　　　（后）中置减震器

制动系统:（前）盘式制动/ABS
　　　　　（后）盘式制动

轮胎规格:（前）110/70-17
　　　　　（后）140/70-17

整备质量: 145kg

燃油箱容积: 15.3L

参考售价: 14 680元

CB190R

发动机型式: 风冷/单缸

排量: 184mL

缸径×冲程: 61mm×63.1mm

压缩比: 9.5：1

最大功率: 12.4kW（8 000r/min）

最大扭矩: 16N·m（7 000r/min）

车架型式: 钢管钻石型

外形尺寸（长×宽×高）: 2 023mm×740mm×
1 045mm

轴距: 1 355mm

最小离地间隙: 160mm

悬挂系统:（前）倒立式前叉
　　　　　（后）中置减震器

制动系统:（前）盘式制动/ABS
　　　　　（后）盘式制动

轮胎规格:（前）110/70 R17
　　　　　（后）140/70 R17

整备质量: 142kg

燃油箱容积: 12L

参考售价: 12 980元起

骁胜摩托

巡风 650

发动机型式: 90° V型双缸/四冲程/水冷

排量: 647mL

缸径×冲程: 81.5mm×62mm

压缩比: 11.5:1

最大功率: 52.8kW (8 750r/min)

最大扭矩: 61.8N·m (7 250r/min)

车架型式: 摇篮型

外形尺寸(长×宽×高): 2 365mm×835mm× 1 140mm

轴距: 1 685mm

最小离地间隙: 160mm

悬挂系统: (前)倒置减震器

(后)5挡预载可调弹簧减震器

制动系统: (前)盘式制动/ABS

(后)盘式制动/ABS

轮胎规格: (前)120/70 R18

(后)180/55 R17

座高: 690mm

整备质量: 240kg

燃油箱容积: 16L

参考售价: 37 800元

GV300S 经典版

发动机型式: 60° V型双缸/四冲程/水冷

排量: 296mL

缸径×冲程: 58mm×65mm

压缩比: 11.6:1

最大功率: 22kW (8 500r/min)

最大扭矩: 25.6N·m (6 500r/min)

车架型式: 半双摇篮型

外形尺寸(长×宽×高): 2 080mm×750mm× 1 050mm

轴距: 1 425mm

最小离地间隙: 175mm

悬挂系统: (前)正置减震器

(后)弹簧减震器

制动系统: (前)盘式制动

(后)盘式制动

轮胎规格: (前)120/80 R16

(后)150/80 R15

座高: 710mm

整备质量: 165kg

燃油箱容积: 12.5L

参考售价: 17 580元

驯风 300 单座版

发动机型式: 60° V型双缸/四冲程/水冷

排量: 296mL

缸径×冲程: 58mm×56mm

压缩比: 11.8 : 1

最大功率: 22kW(8 500r/min)

最大扭矩: 25.6N·m(6 500r/min)

车架型式: 半双摇篮型

外形尺寸(长×宽×高): 2 210mm×788mm× 1 180mm

轴距: 1 475mm

最小离地间隙: 155mm

悬挂系统: (前)倒置减震器

　　　　　(后)中置单减震器

制动系统: (前)盘式制动/ABS

　　　　　(后)盘式制动/ABS

轮胎规格: (前)120/80 R16

　　　　　(后)150/80 R15

座高: 710mm

整备质量: 187kg

燃油箱容积: 13L

参考售价: 21 980元

坦影 250 皮带版

发动机型式: 75° V型双缸/四冲程/油冷

排量: 249mL

缸径×冲程: 57mm×48.8mm

压缩比: 10.3 : 1

最大功率: 19.8kW(9 000r/min)

最大扭矩: 20.8N·m(8 500r/min)

车架型式: 摇篮型

外形尺寸(长×宽×高): 2 200mm×760mm× 1 125mm

轴距: 1 530mm

最小离地间隙: 210mm

悬挂系统: (前)倒置减震器

　　　　　(后)弹簧减震器

制动系统: (前)盘式制动/ABS

　　　　　(后)盘式制动/ABS

轮胎规格: (前)120/80 R17

　　　　　(后)150/80 R16

座高: 750mm

整备质量: 180kg

燃油箱容积: 17L

参考售价: 20 999元

骁胜摩托

大脚攀爬者林道版

发动机型式: 单缸/四冲程/油冷

排量: 249mL

缸径×冲程: 72mm×61.2mm

压缩比: 9.2:1

最大功率: 13kW (7 500r/min)

最大扭矩: 18N·m (6 000r/min)

外形尺寸(长×宽×高): 2 100mm×850mm× 1 150mm

轴距: 1 380mm

最小离地间隙: 200mm

悬挂系统: (前)正置减震器

(后)弹簧减震器

制动系统: (前)盘式制动/ABS

(后)盘式制动/ABS

轮胎规格: (前)110/90 R19

(后)130/80 R18

座高: 815mm

整备质量: 154kg

燃油箱容积: 14L

参考售价: 15 980元

奥罗拉 150 尊享版

发动机型式: 水冷/四冲程/单缸

排量: 149.3mL

缸径×冲程: 57.3mm×57.9mm

压缩比: 11:1

最大功率: 10.5kW (8 250r/min)

最大扭矩: 13.5N·m (6 750r/min)

车架型式: 双管型

外形尺寸(长×宽×高): 2 060mm×720mm× 1 160mm

轴距: 1 410mm

最小离地间隙: 125mm

悬挂系统: (前)正置减震器

(后)弹簧减震器

制动系统: (前)盘式制动/ABS

(后)盘式制动/ABS

轮胎规格: (前)120/70 R12

(后)120/70 R12

座高: 756mm

整备质量: 138kg

燃油箱容积: 12L

参考售价: 14 880元

NS125LA

发动机型式: 风冷/单缸

排量: 124.9mL

缸径×冲程: 52.4mm×57.9mm

压缩比: 9.8:1

最大功率: 6.6kW (7 500r/min)

最大扭矩: 9.87N·m (6 000r/min)

车架型式: 钢管型

外形尺寸(长×宽×高): 1 763mm×676mm× 1 092mm

轴距: 1 246mm

最小离地间隙: 129mm

悬挂系统: (前)正立式前叉 (后)单筒减震器

制动系统: (前)盘式制动 (后)鼓式制动

轮胎规格: (前)90/90-12 (后)100/90-10

座高: 760mm

整备质量: 110kg

燃油箱容积: 6L

参考售价: 11 900元起

NS125RX ABS 版

发动机型式: 风冷/单缸

排量: 124mL

缸径×冲程: 50mm×63.121mm

压缩比: 10:1

最大功率: 7kW (7 750r/min)

最大扭矩: 10N·m (5 750r/min)

车架型式: 钢管型

外形尺寸(长×宽×高): 1 767mm×683mm× 1 115mm

轴距: 1 246mm

最小离地间隙: 132mm

悬挂系统: (前)正立式前叉 (后)单筒减震器

制动系统: (前)盘式制动/ABS (后)鼓式制动

轮胎规格: (前)90/90-12 (后)100/90-10

座高: 770mm

整备质量: 106kg

燃油箱容积: 5.7L

参考售价: 12 999元

CB190TR

发动机型式: 风冷/单缸
排量: 184mL
缸径×冲程: 61mm×63.1mm
压缩比: 9.5:1
最大功率: 12.3kW(8 000r/min)
最大扭矩: 16.2N·m(6 750r/min)
车架型式: 钢管钻石型
外形尺寸(长×宽×高): 2 012mm×822mm×
　　　　　　　　　　　1 089mm
轴距: 1 356mm
最小离地间隙: 145mm
悬挂系统: (前)倒立式前叉
　　　　　(后)单筒减震器
制动系统: (前)盘式制动/ABS
　　　　　(后)盘式制动/ABS
轮胎规格: (前)110/70-R17
　　　　　(后)140/70-R17

座高: 791mm
整备质量: 142kg
燃油箱容积: 12L
参考售价: 12 980元

EX125

发动机型式: 风冷/单缸
排量: 125mL
缸径×冲程: 52.4mm×57.9mm
压缩比: 9.8:1
最大功率: 6.60kW(7 500r/min)
最大扭矩: 9.87N·m(6 000r/min)
车架型式: 钢管型
外形尺寸(长×宽×高): 1 823mm×686mm×
　　　　　　　　　　　1 129mm
轴距: 1 246mm
最小离地间隙: 132mm
悬挂系统: (前)正立式前叉
　　　　　(后)单筒减震器
制动系统: (前)盘式制动
　　　　　(后)鼓式制动

轮胎规格: (前)90/90-12
　　　　　(后)100/90-10
座高: 751mm
整备质量: 112kg
燃油箱容积: 6L
参考售价: 9 999元起

NS110Q

发动机型式: 风冷/单缸
排量: 108mL
缸径×冲程: 50mm×55mm
压缩比: 9.5:1
最大功率: 5.8kW(7 000r/min)
最大扭矩: 8.8N·m(6 000r/min)
车架型式: 钢管型
外形尺寸(长×宽×高): 1 727mm×671mm×
　　　　　　　　　　　1 092mm
轴距: 1 225mm
最小离地间隙: 128mm
悬挂系统: (前)正立式前叉
　　　　　(后)单筒减震器
制动系统: (前)盘式制动
　　　　　(后)鼓式制动

轮胎规格: (前)100/90-10
　　　　　(后)100/90-10
座高: 736mm
整备质量: 103kg
燃油箱容积: 5.2L
参考售价: 9 299元

龙卷风 520

发动机型式：双缸/四冲程/水冷

排量：500mL

缸径×冲程：68mm×68mm

压缩比：11.5：1

最大功率：35kW（8 500r/min）

最大扭矩：45N·m（7 000r/min）

车架型式：双下管摇篮型

外形尺寸（长×宽×高）：2 470mm×1 640mm× 1 240mm

轴距：1 520 mm

最小离地间隙：180mm

悬挂系统：摇架式

制动系统：（前）盘式制动
（后/边）盘式制动

轮胎规格：（前）4.60 R18
（后）5.10 R18

座高：800mm

整备质量：358kg

燃油箱容积：18L

参考售价：48 000元（梦想版） 52 000元（旗舰版）

雅马哈

巧格 i PLUS

发动机型式: 单缸/风冷
排量: 124mL
缸径×冲程: 52.4mm×57.9mm
压缩比: 11.0:1
最大功率: 6.1kW (6 500r/min)
最大扭矩: 9.7N·m (5 000r/min)
车架型式: 钢管型
外形尺寸(长×宽×高): 1 805mm×685mm×
1 055mm
轴距: 1 275mm
最小离地间隙: 115mm
悬挂系统: (前)正立式前叉
(后)单减震器
制动系统: (前)盘式制动
(后)鼓式制动
轮胎规格: (前)90/90-10
(后)90/90-10
座高: 740mm
整备质量: 90kg
燃油箱容积: 5.1L
参考售价: 8 580元

GT150 FAZER

发动机型式: 单缸/风冷/2气门
排量: 149mL
缸径×冲程: 57.3mm×57.9mm
压缩比: 9.6:1
最大功率: 9.1kW (7 500r/min)
最大扭矩: 12.4N·m (6 000r/min)
车架型式: 钢管型
外形尺寸(长×宽×高): 2 015mm×795mm×
1 050mm
轴距: 1 330mm
最小离地间隙: 175mm
悬挂系统: (前)正立式前叉
(后)双减震器
制动系统: (前)盘式制动/ABS
(后)盘式制动/ABS
轮胎规格: (前)90/90-18
(后)100/80-18
座高: 800mm
整备质量: 126kg
燃油箱容积: 12.5L
参考售价: 13 390元

宗申优米

发动机型式: 风冷/2气门/单缸

排量: 125mL

最大功率: 5.8kW（8 000r/min）

最大扭矩: 8.8N·m（6 000r/min）

车架型式: 单脊梁摇篮型

外形尺寸（长×宽×高）: 2 127mm×819mm× 1 127mm

轴距: 1 426mm

最小离地间隙: 160mm

悬挂系统: （前）正置前减震器

（后）内置双气囊后减震器

制动系统: （前）盘式制动

（后）盘式制动

轮胎规格: （前）80/90-17

（后）140/70-13

座高: 650mm

整备质量: 113kg

燃油箱容积: 6.5L

参考售价: 10 288元

宗申小熊墩墩 / 泡泡

发动机型式: 风冷/2气门/单缸

排量: 149mL

最大功率: 7.8kW（7 000r/min）

最大扭矩: 11.5N·m（5 500r/min）

外形尺寸（长×宽×高）: 1 760mm×790mm× 985mm（1 760mm× 725mm×970mm）

轴距: 1 210mm

最小离地间隙: 135mm/130mm

悬挂系统: （前）倒置前减震器

（后）中央后减震器

制动系统: （前）盘式制动

（后）盘式制动

轮胎规格: （前）120/70-12

（后）130/70-12

座高: 740mm

整备质量: 120kg/121kg

燃油箱容积: 11.5L

参考售价: 墩墩10 288元/泡泡10 588元

宗申

宗申魔方

发动机型式: 水冷/2气门/单缸

排量: 150mL

最大功率: 11.5kW (8 500r/min)

最大扭矩: 14.5N·m (6 500r/min)

外形尺寸 (长×宽×高): 1 725mm×755mm× 990mm

轴距: 1 220mm

最小离地间隙: 105mm

悬挂系统: (前) 液压阻尼式
(后) 液压阻尼式

制动系统: (前) 盘式制动
(后) 盘式制动

轮胎规格: (前) 100/80-12M/C
(后) 120/70-12M/C

座高: 720mm

整备质量: 120kg

燃油箱容积: 7.5L

参考售价: 11 588元

SRMax250 MY24

发动机型式：单缸/水冷/四冲程/4气门

排量：244mL

缸径×冲程：72.0mm×60.0mm

压缩比：11：1

最大功率：19.1kW（8 200r/min）

最大扭矩：22.5N·m（7 250r/min）

外形尺寸（长×宽×高）：2 135mm×790mm×
　　　　　　　　　　　1 395mm

轴距：1 520mm

最小离地间隙：160mm

悬挂系统：（前）直径35mm正立式前叉
　　　　　（后）双减震器

制动系统：（前）直径260mm盘式制动/对向四活塞
　　　　　卡钳/ABS
　　　　　（后）直径240mm盘式制动/双活塞
　　　　　卡钳/ABS

轮胎规格：（前）120/70 R15
　　　　　（后）140/60 R14

座高：815mm

整备质量：188kg

燃油箱容积：15L

参考售价：19 980元

X7 MY24

发动机型式：单缸/水冷/四冲程/4气门

排量：244mL

缸径×冲程：72.0mm×60.0mm

压缩比：11：1

最大功率：19.1kW（8 200r/min）

最大扭矩：22.5N·m（7 250r/min）

外形尺寸（长×宽×高）：2 060mm×745mm×
　　　　　　　　　　　1 325mm

轴距：1 480mm

最小离地间隙：190mm

悬挂系统：（前）直径35mm正立式前叉
　　　　　（后）双减震器

制动系统：（前）直径260mm盘式制动/双活塞
　　　　　卡钳/ABS
　　　　　（后）直径240mm盘式制动/双活塞
　　　　　卡钳/ABS

轮胎规格：（前）120/70 R14
　　　　　（后）140/60 R13

座高：760mm/790mm

整备质量：182kg

燃油箱容积：12.1L

参考售价：22 980元

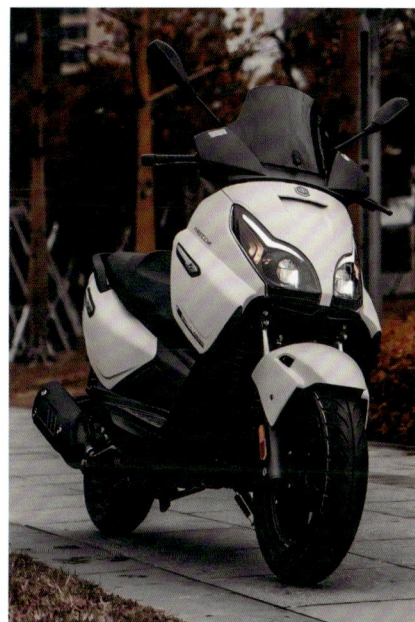

GPR250R 运动版

发动机型式：单缸/水冷/四冲程/4气门/DOHC

排量：249.2mL

缸径×冲程：72.0mm×61.2mm

压缩比：11：1

最大功率：20.5kW（9 000r/min）

最大扭矩：21.5N·m（7 500r/min）

车架型式：铝合金双翼梁型

外形尺寸（长×宽×高）：1 970mm×770mm×
　　　　　　　　　　　1 150mm

轴距：1 345mm

悬挂系统：（前）倒立式前叉
　　　　　（后）中置减震器

制动系统：（前）直径300mm盘式制动/ABS
　　　　　（后）直径218mm盘式制动/ABS

轮胎规格：（前）100/80 R17
　　　　　（后）130/70 R17

座高：820mm

整备质量：158kg

燃油箱容积：14L

参考售价：22 980元

进口车型篇
IMPORTED
MOTORCYCLE

阿普利亚

Tuono 660

发动机型式: 水冷/4气门/DOHC/并列双缸

排量: 659mL

缸径×冲程: 81mm×63.9mm

压缩比: 13.5:1

最大功率: 70kW(10 500r/min)

最大扭矩: 67N·m(8 500r/min)

变速器: 6速

外形尺寸(长×高): 1 995mm×805mm

轴距: 1 370mm

悬挂系统: (前)直径41mm倒置式前叉/
行程110mm
(后)非对称铝制摇臂/单减震器/
行程130mm

制动系统: (前)直径320mm双制动盘/径向四活塞
卡钳/ABS
(后)直径220mm单制动盘/独立双活塞
卡钳/ABS

轮胎规格: (前)120/70 ZR17
(后)180/55 ZR17

座高: 820mm

整备质量: 183kg

燃油箱容积: 15L

RS660

发动机型式: 水冷/4气门/DOHC/并列双缸

排量: 659mL

缸径×冲程: 81mm×63.9mm

压缩比: 13.5:1

最大功率: 73.5kW(10 500r/min)

最大扭矩: 67N·m(8 500r/min)

变速器: 6速

外形尺寸(长×高): 1 995mm×745mm

轴距: 1 370mm

悬挂系统: (前)直径41mm倒置式前叉/
行程120mm
(后)非对称铝制摇臂/单减震器/
行程130mm

制动系统: (前)直径320mm双制动盘/径向四活塞
卡钳/弯道ABS
(后)直径220mm单制动盘/独立双活塞
卡钳/弯道ABS

轮胎规格: (前)120/70 ZR17
(后)180/55 ZR17

座高: 820mm

整备质量: 183kg

燃油箱容积: 15L

Tuono V4 1100

发动机型式: 水冷/4气门/DOHC/V形四缸

排量: 1 077mL

缸径×冲程: 81mm×52.3mm

变速器: 6速

车架型式: 双梁铝合金型

外形尺寸(长×高): 2 070mm×810mm

轴距: 1 450mm

悬挂系统: (前)直径43mm倒置式前叉/回弹阻尼和弹簧预载可调
(后)倒置双支撑铝制摇臂/单减震器/回弹阻尼、液压压缩和弹簧预载可调

制动系统: (前)直径330mm浮动式双制动盘/径向四活塞卡钳/ABS
(后)直径220mm单制动盘/双活塞卡钳/ABS

轮胎规格: (前)120/70 ZR17
(后)190/55 ZR17

整备质量: 209kg

燃油箱容积: 17.9L

RSV4

发动机型式: 水冷/4气门/DOHC/V形四缸

排量: 1 099mL

缸径×冲程: 81mm×53.3mm

压缩比: 13.6:1

变速器: 6速

车架型式: 双梁铝合金型

外形尺寸(长×高): 2 055mm×735mm

轴距: 1 435mm

悬挂系统: (前)直径43mm倒置式前叉/回弹阻尼和弹簧预载可调/行程125mm
(后)倒置双支撑铝制摇臂/单减震器/回弹阻尼、液压压缩和弹簧预载可调/行程115mm

制动系统: (前)直径330mm浮动式双制动盘/径向四活塞卡钳/ABS
(后)直径220mm单制动盘/双活塞卡钳/ABS

轮胎规格: (前)120/70 ZR17
(后)200/55 ZR17

整备质量: 202kg

燃油箱容积: 17.9L

阿普利亚

Tuareg 660

发动机型式: 水冷/4气门/DOHC/双缸

排量: 659mL

缸径×冲程: 81mm×63.9mm

最大功率: 59kW(9 250r/min)

最大扭矩: 70N·m(6 500r/min)

变速器: 6速

车架型式: 一体化铝制型

外形尺寸(长×高): 2 220mm×965mm

轴距: 1 525mm

悬挂系统: (前)直径43mm完全可调倒置式前叉/
行程240mm

(后)铝制摇臂/完全可调单减震器/
行程240mm

制动系统: (前)直径300mm双制动盘/径向四活塞
卡钳/ABS

(后)直径260mm单制动盘/单活塞浮式
卡钳/ABS

轮胎规格: (前)90/90-21

(后)150/70-18

整备质量: 204kg

燃油箱容积: 18L

SR GT 200

发动机型式: 水冷/搭载启停系统/4气门/SOHC/单缸

排量: 174mL

缸径×冲程: 61.5mm×58.7mm

最大功率: 13kW(8 500r/min)

最大扭矩: 16.5N·m(7 000r/min)

变速器: CVT无级变速

车架型式: 双摇篮钢管型

外形尺寸(长×高): 1 920mm×765mm

轴距: 1 350mm

悬挂系统: (前)直径33mm液压伸缩前叉/
行程120mm

(后)双液压减震器/预载可调/
行程102mm

制动系统: (前)直径260mm液压波浪形
制动盘/ABS

(后)直径220mm液压圆形制动盘

轮胎规格: (前)110/80-14

(后)130/70-13

座高: 799mm

整备质量: 148kg

燃油箱容积: 9L

RS457

发动机型式: 水冷/4气门/DOHC/并列双缸

排量: 457mL

缸径×冲程: 69mm×61.1mm

压缩比: 10.5:1

最大功率: 35.5kW(9 400r/min)

最大扭矩: 43.5N·m(6 700r/min)

外形尺寸(长×高): 1 960mm×795mm

轴距: 1 350mm

悬挂系统: (前)直径41mm倒立式前叉/预载可调/
行程120mm

(后)中置减震器/预载可调/行程130mm

制动系统: (前)浮动式制动盘/四活塞径向卡钳/
ABS

(后)固定制动盘/单活塞卡钳/ABS

轮胎规格: (前)110/70 ZR17

(后)150/60 ZR17

座高: 800mm

整备质量: 175kg

燃油箱容积: 12.8L

R 1300 GS

发动机型式: 四冲程/水平对置双缸

排量: 1 300mL

缸径×冲程: 106.5mm×73mm

压缩比: 13.3 : 1

最大功率: 107kW (7 750r/min)

最大扭矩: 149N·m (6 500r/min)

车架型式: 带承重式驱动单元的主车架、铝合金副车架

外形尺寸 (长×宽×高): 2 268mm×1 000mm×
1 459mm

座高: 800~890mm (可调坐垫)

悬挂系统: (前) 带螺旋弹簧的中置减震器
(后) 带螺旋弹簧的中置减震器/可调节的
拉伸级减震和弹簧预紧力

制动系统: (前) 液压双盘制动/四活塞径向整体
制动钳和浮动制动盘
(后) 液压单盘制动/带双活塞浮式
制动钳和固定制动盘

轮胎规格: (前) 120/70 R19M/C 60V
(后) 170/60 R17M/C 72V

整备质量: 237kg

燃油箱容积: 19L

F 900 GS

发动机型式: 四冲程/并列双缸

排量: 895mL

缸径×冲程: 86mm×77mm

压缩比: 13.1 : 1

最大功率: 66kW (6 750r/min)

最大扭矩: 93N·m (6 750r/min)

车架型式: 采用外壳结构的钢桥框架

外形尺寸 (长×宽×高): 2 270mm×943mm×
1 393mm

座高: 870mm

悬挂系统: (前) 倒置伸缩式前叉
(后) 中央支柱带螺旋弹簧/可调节回弹
阻尼和弹簧预压

制动系统: (前) 液压双盘制动/带双活塞浮式制动钳
和浮式制动盘
(后) 液压单盘制动/带单活塞浮式制动钳
和固定制动盘

轮胎规格: (前) 90/90-21M/C 54V
(后) 150/70 R17M/C 69V

整备质量: 219kg

燃油箱容积: 14.5L

宝马

F 800 GS

发动机型式: 四冲程/并列双缸

排量: 895mL

缸径×冲程: 86mm×77mm

压缩比: 13.1:1

最大功率: 64kW(6 750r/min)

最大扭矩: 91N·m(6 750r/min)

车架型式: 采用外壳结构的钢桥框架

外形尺寸(长×宽×高): 2 241mm×910mm×
1 230mm

座高: 815mm

悬挂系统: (前)倒立伸缩式前叉
(后)中央支柱带螺旋弹簧,可调节回弹
阻尼和弹簧预压

制动系统: (前)液压双盘制动/带双活塞浮式制动钳
与浮式制动盘
(后)液压单盘制动/带单活塞浮式制动钳
与固定的制动盘

轮胎规格: (前)110/80 R19M/C 59V
(后)150/70 R17M/C 69V

整备质量: 227kg

燃油箱容积: 15L

G 310 GS

发动机型式: 四冲程/单缸

排量: 313mL

缸径×冲程: 80mm×62.1mm

压缩比: 10.9:1

最大功率: 25kW(9 250r/min)

最大扭矩: 28N·m(7 250r/min)

车架型式: 网格框架

外形尺寸(长×宽×高): 2 075mm×860mm×
1 230mm

座高: 835mm

悬挂系统: (前)倒置伸缩式前叉
(后)中央支柱带螺旋弹簧

制动系统: (前)四柱塞固定制动钳
(后)单柱塞浮式制动钳

轮胎规格: (前)110/80 R19M/C 59V
(后)150/70 R17M/C 69V

整备质量: 175kg

燃油箱容积: 11.5L

K 1600 GTL

发动机型式: 四冲程/并列六缸

排量: 1 649mL

缸径×冲程: 72mm×67.5mm

压缩比: 12.2:1

最大功率: 118kW (6 750r/min)

最大扭矩: 180N·m (5 250r/min)

车架型式: 铝复合桥架

外形尺寸(长×宽×高): 2 489mm×1 000mm× 1 580mm

座高: 750mm

悬挂系统: (前)带螺旋弹簧的中央减震支柱
(后)中央支柱带螺旋弹簧/可调节回弹阻尼和弹簧预压

制动系统: (前)液压双盘制动
(后)液压单盘制动

轮胎规格: (前)120/70 ZR17M/C 58W
(后)190/55 ZR17M/C 75W

整备质量: 358kg

燃油箱容积: 26.5L

K 1600 B

发动机型式: 四冲程/并列六缸

排量: 1 649mL

缸径×冲程: 72mm×67.5mm

压缩比: 12.2:1

最大功率: 118kW (6 750r/min)

最大扭矩: 180N·m (5 250r/min)

车架型式: 铝复合桥架

外形尺寸(长×宽×高): 2 470mm×1 000mm× 1 440mm

座高: 750mm

悬挂系统: (前)带螺旋弹簧的中央减震支柱
(后)中央支柱带螺旋弹簧/可调节回弹阻尼和弹簧预压

制动系统: (前)液压双盘制动
(后)液压单盘制动

轮胎规格: (前)120/70 ZR17M/C 58W
(后)190/55 ZR17M/C 75W

整备质量: 344kg

燃油箱容积: 26.5L

宝马

R 18 传承者 / 泰坦

发动机型式: 四冲程/水平对置双缸
排量: 1 802mL
缸径×冲程: 107.1mm×100mm
压缩比: 9.6:1
最大功率: 67kW(4 750r/min)
最大扭矩: 158N·m(3 000r/min)
车架型式: 双环钢制框架
外形尺寸(长×宽×高): 2 440mm×949mm×
1 342mm(传承者)
2 615mm×982mm×
1 206mm(泰坦)
座高: 710mm(传承者)
720mm(泰坦)

悬挂系统: (前)正置伸缩套筒叉
(后)中央支柱带螺旋弹簧/可调节回弹
阻尼和弹簧预压
制动系统: (前)液压双盘制动
(后)液压单盘制动
轮胎规格: (前)130/90 B16M/C 73H(传承者)
(前)120/70 B21(泰坦)
(后)180/65 B16M/C 81H(传承者)
(后)180/55 B18(泰坦)
整备质量: 365kg(传承者)
374kg(泰坦)
燃油箱容积: 16L

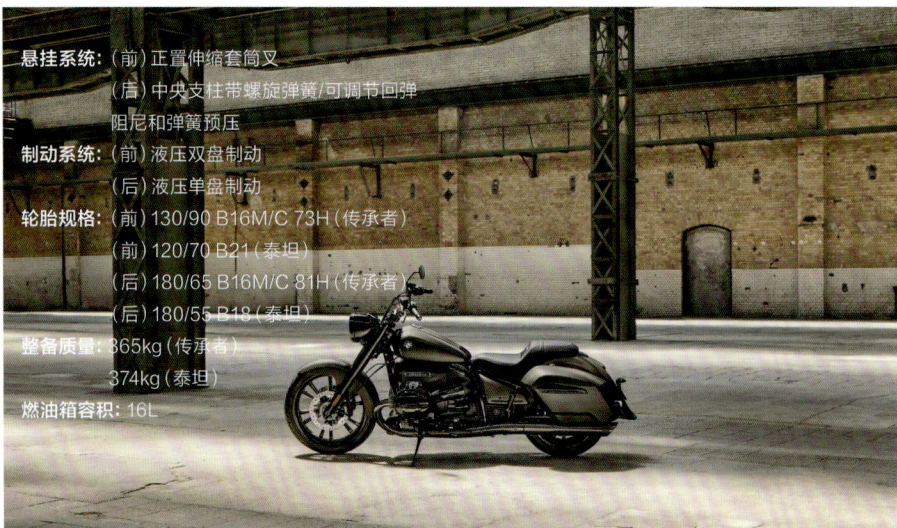

R 18 游侠 / 洲际旅行家

发动机型式: 四冲程/水平对置双缸
排量: 1 802mL
缸径×冲程: 107.1mm×100mm
压缩比: 9.6:1
最大功率: 67kW(4 750r/min)
最大扭矩: 158N·m(3 000r/min)
车架型式: 双环钢制框架
外形尺寸(长×宽×高): 2 560mm×970mm×
1 400mm(游侠)
2 640mm×970mm×
1 500mm(洲际旅行家)
座高: 720mm(游侠)
740mm(洲际旅行家)
悬挂系统: (前)正置伸缩套筒叉
(后)中央支柱带螺旋弹簧/可调节回弹
阻尼和弹簧预压

制动系统: (前)液压双盘制动
(后)液压单盘制动
轮胎规格: (前)120/70 B19M/C 60H
(后)180/65 B16M/C 81H
整备质量: 398kg(游侠)
427kg(洲际旅行家)
燃油箱容积: 24L

R nineT

发动机型式: 四冲程/水平对置双缸
排量: 1 170mL
缸径×冲程: 101mm×73mm
压缩比: 12:1
最大功率: 80kW(7 250r/min)
最大扭矩: 116N·m(6 000r/min)
车架型式: 带承重驱动单元的网格架
外形尺寸(长×宽×高): 2 105mm×865mm×
1 060mm
座高: 805mm
悬挂系统: (前)倒置伸缩叉
(后)带螺旋弹簧的中置减震器/可调节的
拉伸级减震和弹簧预紧力

制动系统: (前)液压双盘式制动/带四活塞径向整体
制动钳和浮动制动盘
(后)液压单盘制动/带双活塞浮式制
动钳和固定制动盘
轮胎规格: (前)120/70 ZR17M/C 58W
(后)180/55 ZR17M/C 73W
整备质量: 221kg
燃油箱容积: 18L

R 1250 RT

发动机型式: 四冲程/水平对置双缸

排量: 1 254mL

缸径×冲程: 102.5mm×76mm

压缩比: 12.5∶1

最大功率: 100kW (7 750r/min)

最大扭矩: 143N·m (6 250r/min)

车架型式: 带承重式驱动单元的钢管车架

外形尺寸(长×宽×高): 2 300mm×939mm× 1 390mm

座高: 815mm

悬挂系统: (前)带螺旋弹簧的中央减震支柱

(后)带螺旋弹簧的中央减震支柱/可调节的拉伸级减震和弹簧预紧力

制动系统: (前)液压双盘制动/带四活塞径向整体制动钳和浮动制动盘

(后)液压单盘制动/带双活塞浮式制动钳和固定制动盘

轮胎规格: (前)120/70 ZR17M/C 58W

(后)180/55 ZR17M/C 73W

整备质量: 280kg

燃油箱容积: 25L

R12

发动机型式: 四冲程/水平对置双缸

排量: 1 170mL

缸径×冲程: 101mm×73mm

压缩比: 12∶1

最大功率: 70kW (6 500r/min)

最大扭矩: 110N·m (6 000r/min)

车架型式: 带承重驱动单元的网格架

外形尺寸(长×宽×高): 2 200mm×830mm× 1 110mm

座高: 754mm

悬挂系统: (前)倒置伸缩式前叉

(后)带螺旋弹簧的中央减震支柱/可调节的拉伸级减震和弹簧预紧力

制动系统: (前)液压双盘制动/带四活塞径向整体制动钳和浮动制动盘

(后)液压单盘制动/带双活塞浮式制动钳和固定制动盘

轮胎规格: (前)100/90-19 M/C 57V

(后)150/80-16 M/C 71H

整备质量: 220kg

燃油箱容积: 14L

宝马

F 900 R

发动机型式: 四冲程/并列双缸

排量: 895mL

缸径×冲程: 86mm×77mm

压缩比: 13.1∶1

最大功率: 63kW(6 750r/min)

最大扭矩: 89N·m(6 750r/min)

车架型式: 采用外壳结构的钢桥框架

外形尺寸(长×宽×高): 2 135mm×815mm×
1 110mm

座高: 770mm

悬挂系统: (前)倒置伸缩叉
(后)中央支柱带螺旋弹簧/可调节回弹
阻尼和弹簧预压

制动系统: (前)液压双盘制动/带双活塞浮式制动钳
与浮式制动盘
(后)液压单盘制动/带单活塞浮式制动钳
与固定制动盘

轮胎规格: (前)120/70 ZR17M/C 58W
(后)180/55 ZR17M/C 73W

整备质量: 211kg

燃油箱容积: 13L

S 1000 R

发动机型式: 四冲程/并列四缸

排量: 1 001mL

缸径×冲程: 80mm×49.8mm

压缩比: 12.5∶1

最大功率: 121kW(11 000r/min)

最大扭矩: 114N·m(9 250r/min)

车架型式: 铝复合桥架

外形尺寸(长×宽×高): 2 090mm×853mm×
1 115mm

座高: 830mm

悬挂系统: (前)倒置伸缩叉
(后)中央支柱带螺旋弹簧/可调节的
拉伸级减震和弹簧预紧力

制动系统: (前)液压双盘制动/带四活塞径向整体
制动钳与浮式制动盘
(后)液压单盘制动/带双活塞浮式制动钳
与固定制动盘

轮胎规格: (前)120/70 ZR17M/C 58W
(后)190/55 ZR17M/C 75W

整备质量: 199kg

燃油箱容积: 16.5L

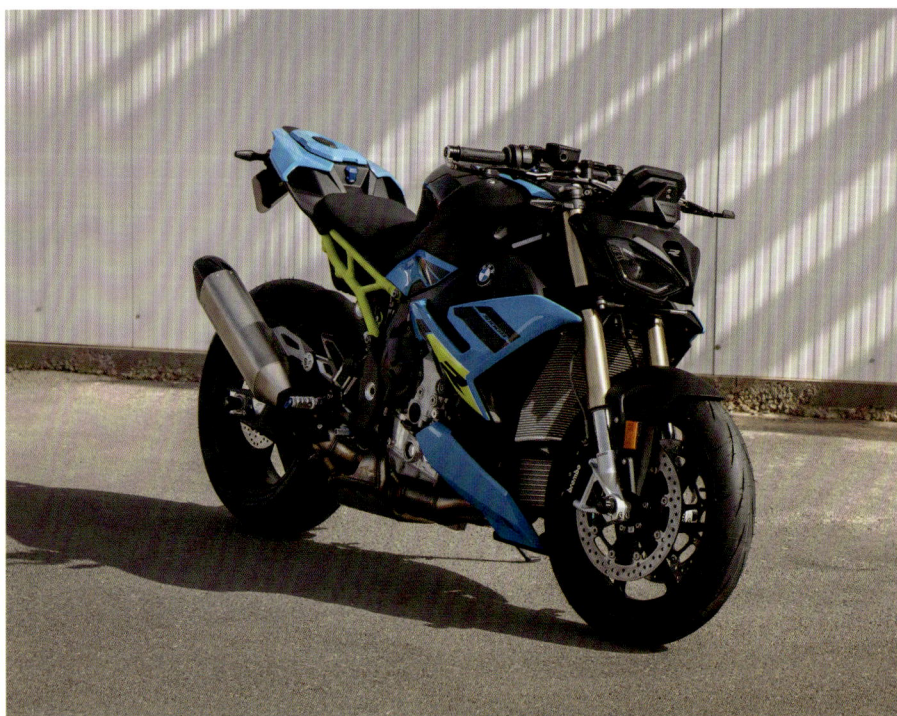

S 1000 RR

发动机型式: 四冲程/并列四缸

排量: 1 001mL

缸径×冲程: 80mm×49.8mm

压缩比: 13.3 : 1

最大功率: 154kW (13 750r/min)

最大扭矩: 113N·m (11 000r/min)

车架型式: 铝复合桥架

外形尺寸(长×宽×高): 2 073mm×765mm× 1 205mm

座高: 824mm

悬挂系统: (前) 倒置伸缩叉

(后) 中央支柱带螺旋弹簧/可调节的拉伸级减震和弹簧预紧力

制动系统: (前) 液压双盘制动/带四活塞径向整体制动钳与浮式制动盘

(后) 液压单盘制动/带双活塞浮式制动钳与固定制动盘

轮胎规格: (前) 120/70 ZR17M/C 58W

(后) 190/55 ZR17M/C 75W

整备质量: 197kg

燃油箱容积: 16.5L

S 1000 XR

发动机型式: 四冲程/并列四缸

排量: 1 001mL

缸径×冲程: 80mm×49.8mm

压缩比: 12.5 : 1

最大功率: 121kW (11 000r/min)

最大扭矩: 114N·m (9 250r/min)

车架型式: 铝复合桥架

外形尺寸(长×宽×高): 2 166mm×917mm× 1 499mm

座高: 840mm

悬挂系统: (前) 倒置伸缩叉

(后) 中央支柱带螺旋弹簧/可调节的拉伸级减震和弹簧预紧力

制动系统: (前) 液压双盘制动/带四活塞径向整体制动钳与浮式制动盘

(后) 液压单盘制动/带双活塞浮式制动钳与固定制动盘

轮胎规格: (前) 120/70 ZR17M/C 58W

(后) 190/55 ZR17M/C 75W

整备质量: 226kg

燃油箱容积: 20L

F 900 XR

发动机型式: 四冲程/并列双缸
排量: 895mL
缸径×冲程: 86mm×77mm
压缩比: 13.1:1
最大功率: 63kW(6 750r/min)
最大扭矩: 89N·m(6 750r/min)
车架型式: 铝复合桥架
外形尺寸(长×宽×高): 2 150mm×849mm× 1 400mm
座高: 775mm
悬挂系统: (前)倒置伸缩叉
(后)中央支柱带螺旋弹簧/可调节回弹阻尼和弹簧预压

制动系统: (前)液压双盘制动/带双活塞浮式制动钳与浮式制动盘
(后)液压单盘制动/带单活塞浮式制动钳与固定制动盘
轮胎规格: (前)120/70 ZR17M/C 58W
(后)180/55 ZR17M/C 73W
整备质量: 219kg
燃油箱容积: 15.5L

M 1000 XR

发动机型式: 四冲程/并列四缸
排量: 1 001mL
缸径×冲程: 80mm×49.8mm
压缩比: 13.3:1
最大功率: 148kW(12 750r/min)
最大扭矩: 113N·m(11 000r/min)
车架型式: 铝复合桥架
外形尺寸(长×宽×高): 2 170mm×850mm× 1 460mm
座高: 850mm
悬挂系统: (前)倒置伸缩叉
(后)带螺旋弹簧的中置式减震器/可调节的拉伸级减震和弹簧预紧力
制动系统: (前)液压双盘制动/带四活塞径向整体制动钳和浮动制动盘

(后)液压单盘制动/带单活塞浮式制动钳和固定制动盘
轮胎规格: (前)120/70 ZR17M/C 58W
(后)200/55 ZR17M/C 78W
整备质量: 223kg
燃油箱容积: 20L

M 1000 R

发动机型式: 四冲程/并列四缸
排量: 1 001mL
缸径×冲程: 80mm×49.8mm
压缩比: 13.3:1
最大功率: 154kW(13 750r/min)
最大扭矩: 113N·m(11 000r/min)
车架型式: 铝复合桥架
外形尺寸(长×宽×高): 2 085mm×849mm× 1 112mm
座高: 830mm
悬挂系统: (前)倒置伸缩叉
(后)带螺旋弹簧的中置式减震器/可调节的拉伸级减震和弹簧预紧力
制动系统: (前)液压双盘制动/带四活塞径向整体

制动钳和浮动制动盘
(后)液压单盘制动/带双活塞浮式制动钳和固定制动盘
轮胎规格: (前)120/70 ZR17M/C 58W
(后)200/55 ZR17M/C 78W
整备质量: 199kg
燃油箱容积: 16.5L

C 400 X

发动机型式: 四冲程/单缸

排量: 350mL

缸径×冲程: 80mm×69.6mm

压缩比: 11.5：1

最大功率: 25kW(7 500r/min)

最大扭矩: 35N·m(6 000r/min)

车架型式: 钢管结构车架

外形尺寸(长×宽×高): 2 200mm×780mm× 1 310mm

座高: 775mm

悬挂系统: (前)正置伸缩套筒叉

(后)双铝摇臂/预载可调双弹簧支柱

制动系统: (前)液压双盘制动

(后)液压单盘制动

轮胎规格: (前)120/70-15 M/C 56S

(后)150/70-14 M/C 66S

整备质量: 206kg

燃油箱容积: 12.8L

C 400 GT

发动机型式: 四冲程/单缸

排量: 350mL

缸径×冲程: 80mm×69.6mm

压缩比: 11.5：1

最大功率: 25kW(7 500r/min)

最大扭矩: 35N·m(6 000r/min)

车架型式: 钢管结构车架

外形尺寸(长×宽×高): 2 200mm×785mm× 1 390mm

座高: 765mm

悬挂系统: (前)正置伸缩套筒叉

(后)双铝摇臂/预载可调双弹簧支柱

制动系统: (前)液压双盘制动

(后)液压单盘制动

轮胎规格: (前)120/70-15 M/C 56S

(后)150/70-14 M/C 66S

整备质量: 214kg

燃油箱容积: 12.8L

比亚乔

Beverly 400/Beverly S 400

发动机型式: 水冷/4气门/SOHC/单缸

排量: 399mL

缸径×冲程: 84mm×72mm

最大功率: 26kW (7 500r/min)

最大扭矩: 37.7N·m (5 500r/min)

变速器: CVT无级变速

车架型式: 双摇篮型

外形尺寸(长×宽): 2 155mm×800mm

轴距: 1 550mm

悬挂系统: (前)液压伸缩前叉

　　　　　(后)5段预载可调双液压减震器

制动系统: (前)直径300mm盘式制动/双活塞浮动

　　　　　卡钳/ABS

　　　　　(后)直径240mm盘式制动/双活塞浮动

　　　　　卡钳/ABS

轮胎规格: (前)120/70-16

　　　　　(后)150/70-14

座高: 821mm

整备质量: 195kg

燃油箱容积: 12L

MP3 300 Hpe Sport

发动机型式: 水冷/4气门/SOHC/单缸

排量: 278mL

缸径×冲程: 75mm×63mm

最大功率: 19.3kW (7 750r/min)

最大扭矩: 26N·m (6 500r/min)

变速器: CVT无级变速

车架型式: 双摇篮型

外形尺寸(长×宽): 2 000mm×800mm

轴距: 1 450mm

悬挂系统: (前)铰接四柱式液压减震器/行程95mm

　　　　　(后)四段预载可调双液压减震器/行程

　　　　　122mm

制动系统: (前)直径258mm双盘制动

　　　　　(后)直径240mm单盘制动

轮胎规格: (前)110/70-13

　　　　　(后)140/60-14

座高: 780mm

燃油箱容积: 11L

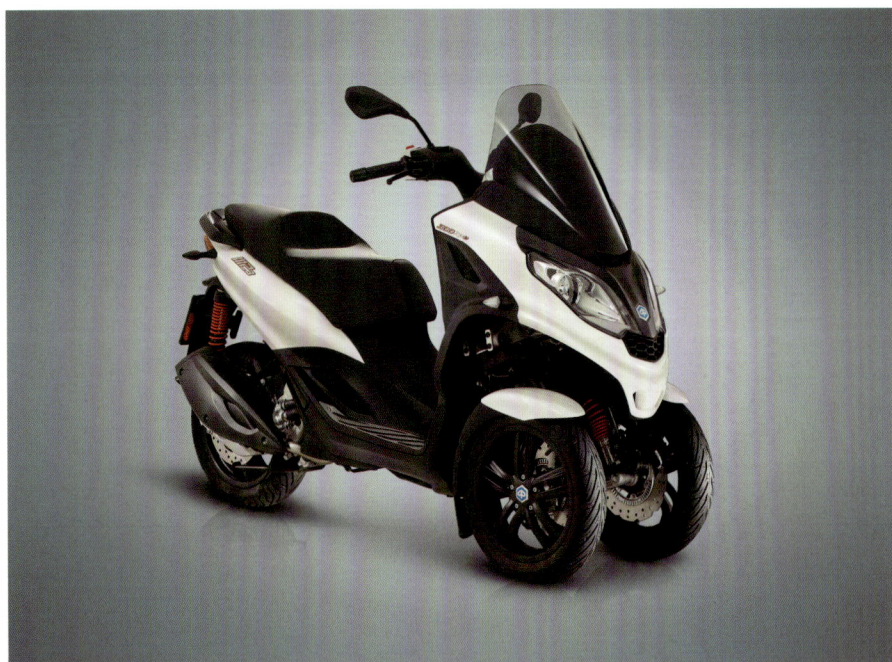

Liberty 150/Liberty S 150

发动机型式: 单缸

排量: 155mL

变速器: CVT无级变速

车架型式: 双摇篮型

外形尺寸(长×宽): 1 958mm×695mm

轴距: 1 359mm

悬挂系统: (前)液压伸缩前叉/行程76mm

(后)5段预载可调单液压减震器/行程
74.5mm

制动系统: (前)直径240mm盘式制动

(后)直径240mm鼓式制动

轮胎规格: (前)90/80-16

(后)100/80-14

座高: 780mm

燃油箱容积: 6L

Medley 150

发动机型式: 搭载启停技术/水冷/4气门/单缸

排量: 155mL

缸径×冲程: 58mm×58.7mm

最大功率: 12.4kW(8 750r/min)

最大扭矩: 15N·m(6 500r/min)

变速器: CVT无级变速

外形尺寸(长×宽): 2 020mm×705mm

轴距: 1 395mm

悬挂系统: (前)液压伸缩前叉

(后)5段预载可调双液压减震器

制动系统: (前)直径260mm盘式制动/ABS

(后)直径240mm盘式制动/ABS

轮胎规格: (前)100/80-16

(后)120/70-14

燃油箱容积: 7L

川崎

Ninja 1000SX

发动机型式: 水冷/DOHC/并列四缸

排量: 1 043mL

缸径×冲程: 77mm×56mm

压缩比: 11.8:1

最大功率: 104.5kW(10 000r/min)

最大扭矩: 111N·m(8 000r/min)

变速器: 6速往复式

车架型式: 铝制钻石型

外形尺寸(长×宽×高): 2 100mm×825mm× 1 190mm/1 225mm

轴距: 1 440mm

最小离地间隙: 135mm

悬挂系统: (前)直径41mm倒立式前叉/阻尼及预载可调

(后)外置氮气带瓶/多段预载及阻尼可调

制动系统: (前)半浮动双盘制动/径向对置四活塞卡钳/ABS

(后)单盘制动/单活塞卡钳/ABS

轮胎规格: (前)120/70 ZR17 M/C 58W

(后)190/50 ZR17 M/C 73W

座高: 835mm

整备质量: 235kg

燃油箱容积: 19L

Ninja H2 SX SE

发动机型式: 水冷/DOHC/机械增压/并列四缸

排量: 998mL

缸径×冲程: 76mm×55mm

压缩比: 11.2:1

最大功率: 147.1kW(11 000r/min)

最大扭矩: 137.3N·m(8 500r/min)

变速器: 6速往复式

车架型式: 网格式高拉力钢型,含后摇臂固定

外形尺寸(长×宽×高): 2 175mm×790mm× 1 260mm

轴距: 1 480mm

最小离地间隙: 130mm

悬挂系统: (前)直径43mm倒立式前叉/KECS电子悬挂系统/回弹及压缩可调

(后)KECS电子悬挂系统/回弹及压缩可调

制动系统: (前)半浮动双盘制动/辐射径向对置四活塞卡钳/ABS

(后)单盘制动/双活塞卡钳/ABS

轮胎规格: (前)120/70 ZR17 M/C 58W

(后)190/55 ZR17 M/C 75W

座高: 835mm

整备质量: 264kg

燃油箱容积: 19L

Z H2 SE

发动机型式: 水冷/DOHC/机械增压/并列四缸

排量: 998mL

缸径×冲程: 76mm×55mm

压缩比: 11.2:1

最大功率: 147.1kW (11 000r/min)

最大扭矩: 137N·m (8 500r/min)

变速器: 6速往复式

车架型式: 网格式高拉力钢型, 含后摇臂固定

外形尺寸 (长×宽×高): 2 085mm×815mm×
1 130mm

轴距: 1 455mm

最小离地间隙: 140mm

悬挂系统: (前) 直径43mm倒立式前叉/KECS电子
悬挂系统/回弹及压缩可调
(后) KECS电子悬挂系统/回弹及压缩可调

制动系统: (前) 半浮动双盘制动/辐射径向对置四
活塞卡钳/ABS
(后) 单盘制动/单活塞卡钳/ABS

轮胎规格: (前) 120/70 ZR17 M/C 58W
(后) 190/55 ZR17 M/C 75W

座高: 830mm

整备质量: 241kg

燃油箱容积: 19L

Z900 SE

发动机型式: 水冷/DOHC/并列四缸

排量: 948mL

缸径×冲程: 73.4mm×56mm

压缩比: 11.8:1

最大功率: 86.3kW (9 500r/min)

最大扭矩: 95N·m (7 700r/min)

变速器: 6速往复式

车架型式: 高强度钢管网格型

外形尺寸 (长×宽×高): 2 130mm×825mm×
1 115mm

轴距: 1 455mm

最小离地间隙: 145mm

悬挂系统: (前) 直径41mm倒立式前叉/压缩、回弹
及预载可调
(后) 多连杆单筒式悬挂/回弹及预载多段
可调

制动系统: (前) 半浮动双盘制动/对置四活塞卡钳/
ABS
(后) 单盘制动/单活塞卡钳/ABS

轮胎规格: (前) 120/70 ZR17 M/C 58W
(后) 180/55 ZR17 M/C 73W

座高: 800mm

整备质量: 213kg

燃油箱容积: 17L

川崎

Z650

发动机型式: 水冷/DOHC/8气门/并列双缸

排量: 649mL

缸径×冲程: 83mm×60mm

压缩比: 10.8∶1

最大功率: 45.5kW (7 200r/min)

最大扭矩: 62.1N·m (6 700r/min)

变速器: 6速往复式

车架型式: 高强度钢管网格型

外形尺寸(长×宽×高): 2 115mm×765mm× 1 065mm

轴距: 1 410mm

最小离地间隙: 130mm

悬挂系统: (前)直径41mm套筒式前叉

(后)多连杆单筒式悬挂/预载可调

制动系统: (前)半浮动双盘制动/双活塞卡钳/ ABS

(后)单盘制动/单活塞卡钳/ABS

轮胎规格: (前)120/70 ZR17 M/C 58W

(后)160/60 ZR17 M/C 69W

座高: 790mm

整备质量: 188kg

燃油箱容积: 15L

Z650 RS

发动机型式: 水冷/DOHC/8气门/并列双缸

排量: 649mL

缸径×冲程: 83mm×60mm

压缩比: 10.8∶1

最大功率: 46kW (7 000r/min)

最大扭矩: 63N·m (6 500r/min)

变速器: 6速往复式

车架型式: 高强度钢管网格型

外形尺寸(长×宽×高): 2 065mm×800mm× 1 115mm

轴距: 1 405mm

最小离地间隙: 125mm

悬挂系统: (前)直径41mm套筒式前叉

(后)多连杆单筒式悬挂/预载可调

制动系统: (前)半浮动双盘制动/双活塞卡钳/ABS

(后)单盘制动/单活塞卡钳/ABS

轮胎规格: (前)120/70 ZR17 M/C 58W

(后)160/60 ZR17 M/C 69W

座高: 800mm

整备质量: 187kg

燃油箱容积: 12L

Z650 RS 50TH Anniversary

发动机型式: 水冷/DOHC/8气门/并列双缸

排量: 649mL

缸径×冲程: 83mm×60mm

压缩比: 10.8∶1

最大功率: 46kW (7 000r/min)

最大扭矩: 63N·m (6 500r/min)

变速器: 6速往复式

车架型式: 高强度钢管网格型

外形尺寸(长×宽×高): 2 065mm×800mm× 1 115mm

轴距: 1 405mm

最小离地间隙: 125mm

悬挂系统: (前)直径41mm套筒式前叉

(后)多连杆单筒式悬挂/预载可调

制动系统: (前)半浮动双盘制动/双活塞卡钳/ABS

(后)单盘制动/单活塞卡钳/ABS

轮胎规格: (前)120/70 ZR17 M/C 58W

(后)160/60 ZR17 M/C 69W

座高: 800mm

整备质量: 187kg

燃油箱容积: 12L

Vulcan S

发动机型式：水冷/DOHC/8气门/并列双缸

排量：649mL

缸径×冲程：83mm×60mm

压缩比：10.8：1

最大功率：45.5kW（7 200r/min）

最大扭矩：62.1N·m（6 700r/min）

变速器：6速往复式

车架型式：高拉力钢管型

外形尺寸（长×宽×高）：2 310mm×880mm×
1 100mm

轴距：1 575mm

最小离地间隙：130mm

悬挂系统：（前）直径41mm套筒式前叉
（后）多连杆单筒侧卧式悬挂/预载可调

制动系统：（前）单盘制动/双活塞卡钳/ABS
（后）单盘制动/单活塞卡钳/ABS

轮胎规格：（前）120/70 R18 M/C 59H
（后）160/60 R17 M/C 69H

座高：705mm

整备质量：229kg

燃油箱容积：14L

Eliminator 500

发动机型式：水冷/DOHC/8气门/并列双缸

排量：451mL

缸径×冲程：70mm×58.6mm

压缩比：11.3：1

最大功率：38.3kW（10 000r/min）

最大扭矩：42.6N·m（7 500r/min）

变速器：6速往复式

车架型式：高强度钢管网格型

外形尺寸（长×宽×高）：2 250mm×785mm×
1 100mm

轴距：1 520mm

最小离地间隙：150mm

悬挂系统：（前）直径41mm套筒式前叉
（后）双后减震器

制动系统：（前）单盘制动/双活塞卡钳/ABS
（后）单盘制动/双活塞卡钳/ABS

轮胎规格：（前）120/70 R18 M/C 59H
（后）160/60 R17 M/C 69H

座高：735mm

整备质量：176kg

燃油箱容积：13L

Eliminator 500 SE

发动机型式：水冷/DOHC/8气门/并列双缸

排量：451mL

缸径×冲程：70mm×58.6mm

压缩比：11.3：1

最大功率：38.3kW（10 000r/min）

最大扭矩：42.6N·m（7 500r/min）

变速器：6速往复式

车架型式：高强度钢管网格型

外形尺寸（长×宽×高）：2 250mm×785mm×
1 140mm

轴距：1 520mm

最小离地间隙：150mm

悬挂系统：（前）直径41mm套筒式前叉
（后）双后减震器

制动系统：（前）单盘制动/双活塞卡钳/ABS
（后）单盘制动/双活塞卡钳/ABS

轮胎规格：（前）130/70 R18 M/C 63H
（后）150/80 R16 M/C 71H

座高：735mm

整备质量：177kg

燃油箱容积：13L

Ninja ZX-4RR

发动机型式: 水冷/DOHC/16气门/并列四缸
排量: 401mL
缸径×冲程: 57mm×39.3mm
压缩比: 12.6:1
最大功率: 57kW(14 000r/min)
最大扭矩: 39.6N·m(13 200r/min)
变速器: 6速往复式
车架型式: 高强度钢管网格型
外形尺寸(长×宽×高): 1 990mm×765mm× 1 110mm
轴距: 1 380mm
最小离地间隙: 135mm
悬挂系统: (前)直径37mm倒立式前叉/预载可调
(后)多连杆单筒减震器/压缩、回弹及预载可调

制动系统: (前)半浮动双盘制动/对向四活塞卡钳/ABS
(后)单盘制动/单活塞卡钳/ABS
轮胎规格: (前)120/70 ZR17 M/C 58W
(后)160/60 ZR17 M/C 69W
座高: 800mm
整备质量: 188kg
燃油箱容积: 15L

Ninja ZX-4RR 40th Anniversary Edition

发动机型式: 水冷/DOHC/16气门/并列四缸
排量: 401mL
缸径×冲程: 57mm×39.3mm
压缩比: 12.6:1
最大功率: 57kW(14 000r/min)
最大扭矩: 39.6N·m(13 200r/min)
变速器: 6速往复式
车架型式: 高强度钢管网格型
外形尺寸(长×宽×高): 1 990mm×765mm× 1 110mm
轴距: 1 380mm
最小离地间隙: 135mm
悬挂系统: (前)直径37mm倒立式前叉/预载可调
(后)多连杆单筒减震器/压缩、回弹及预载可调

制动系统: (前)半浮动双盘制动/对向四活塞卡钳/ABS
(后)单盘制动/单活塞卡钳/ABS
轮胎规格: (前)120/70 ZR17 M/C 58W
(后)160/60 ZR17 M/C 69W
座高: 800mm
整备质量: 188kg
燃油箱容积: 15L

Ninja ZX-4R

发动机型式: 水冷/DOHC/16气门/并列四缸
排量: 401mL
缸径×冲程: 57mm×39.3mm
压缩比: 12.6:1
最大功率: 57kW(14 000r/min)
最大扭矩: 39.6N·m(13 200r/min)
变速器: 6速往复式
车架型式: 高强度钢管网格型
外形尺寸(长×宽×高): 1 990mm×765mm× 1 110mm
轴距: 1 380mm
最小离地间隙: 135mm
悬挂系统: (前)直径37mm倒立式前叉
(后)多连杆单筒减震器/预载可调

制动系统: (前)半浮动双盘制动/对向四活塞卡钳/ABS
(后)单盘制动/单活塞卡钳/ABS
轮胎规格: (前)120/70 ZR17 M/C 58W
(后)160/60 ZR17 M/C 69W
座高: 800mm
整备质量: 188kg
燃油箱容积: 15L

Ninja ZX-10RR

发动机型式： 水冷/DOHC/并列四缸
排量： 998mL
缸径×冲程： 76mm×55mm
压缩比： 13∶1
最大功率： 147.1kW（13 600r/min）
最大扭矩： 111N·m（11 700r/min）
变速器： 6速往复式
车架型式： 铝合金双翼梁型
外形尺寸（长×宽×高）： 2 085mm×750mm×
　　　　　　　　　　　　 1 185mm
轴距： 1 450mm
最小离地间隙： 135mm
悬挂系统：（前）直径43mmBFF倒立式前叉/带外
　　　　　　 部气瓶/压缩、回弹及预载可调
　　　　　　（后）多连杆单筒式悬挂/压缩、回弹及预
　　　　　　 载可调

制动系统：（前）半浮动双盘制动/辐射径向对置四
　　　　　　 活塞卡钳/ABS
　　　　　　（后）单盘制动/单活塞卡钳/ABS
轮胎规格：（前）120/70 ZR17 M/C 58W
　　　　　　（后）190/55 ZR17 M/C 75W
座高： 835mm
整备质量： 207kg
燃油箱容积： 17L

KX250

发动机型式： 水冷/DOHC/4气门/单缸
排量： 249mL
缸径×冲程： 78mm×52.2mm
压缩比： 14.1∶1
最大功率： 13.8kW（7 600r/min）
最大扭矩： 19.5N·m（6 100r/min）
变速器： 5速往复式
车架型式： 铝制边框型
外形尺寸（长×宽×高）： 2 190mm×820mm×
　　　　　　　　　　　　 1 270mm
轴距： 1 485mm
最小离地间隙： 345mm
悬挂系统：（前）直径48mm倒立式前叉/压缩及回弹
　　　　　　 可调

　　　　　　（后）多连杆单筒减震器/压缩、回弹及
　　　　　　 预载可调
制动系统：（前）单盘制动/双活塞卡钳
　　　　　　（后）单盘制动/单活塞卡钳
轮胎规格：（前）80/100-21 51M
　　　　　　（后）110/90-19 62M
座高： 960mm
净质量： 103.2kg
燃油箱容积： 6.2L

KX250X

发动机型式： 水冷/DOHC/4气门/单缸
排量： 249mL
缸径×冲程： 78mm×52.2mm
压缩比： 14.1∶1
最大功率： 13.8kW（7 600r/min）
最大扭矩： 19.5N·m（6 100r/min）
变速器： 5速往复式
车架型式： 铝制边框型
外形尺寸（长×宽×高）： 2 170mm×820mm×
　　　　　　　　　　　　 1 260mm
轴距： 1 480mm
最小离地间隙： 330mm
悬挂系统：（前）直径48mm倒立式前叉/压缩及回弹
　　　　　　 可调

　　　　　　（后）多连杆单筒减震器/压缩、回弹及
　　　　　　 预载可调
制动系统：（前）单盘制动/双活塞卡钳
　　　　　　（后）单盘制动/单活塞卡钳
轮胎规格：（前）80/100-21 51M
　　　　　　（后）110/100-18 64M
座高： 945mm
净质量： 104.4kg
燃油箱容积： 6.2L

川崎

Ninja 500

发动机型式: 水冷/DOHC/8气门/并列双缸
排量: 451mL
缸径×冲程: 70mm×58.6mm
压缩比: 11.3:1
最大功率: 38.3kW(10 000r/min)
最大扭矩: 42.6N·m(7 500r/min)
变速器: 6速往复式
车架型式: 高强度钢管网格型
外形尺寸(长×宽×高): 1 995mm×730mm×
　　　　　　　　　　　 1 120mm
轴距: 1 375mm
最小离地间隙: 145mm
悬挂系统: (前)直径41mm套筒式前叉

(后)多连杆单筒减震器/多段预载可调
制动系统: (前)半浮动单盘制动/单向平衡双活塞
　　　　　卡钳/ABS
　　　　　(后)单盘制动/双活塞卡钳/ABS
轮胎规格: (前)110/70 R17 M/C 54H
　　　　　(后)150/60 R17 M/C 66H
座高: 785mm
整备质量: 171kg
燃油箱容积: 14L

Ninja 500 SE

发动机型式: 水冷/DOHC/8气门/并列双缸
排量: 451mL
缸径×冲程: 70mm×58.6mm
压缩比: 11.3:1
最大功率: 38.3kW(10 000r/min)
最大扭矩: 42.6N·m(7 500r/min)
变速器: 6速往复式
车架型式: 高强度钢管网格型
外形尺寸(长×宽×高): 1 995mm×730mm×
　　　　　　　　　　　 1 120mm
轴距: 1 375mm
最小离地间隙: 145mm
悬挂系统: (前)直径41mm套筒式前叉

(后)多连杆单筒减震器/多段预载可调
制动系统: (前)半浮动单盘制动/单向平衡双活塞
　　　　　卡钳/ABS
　　　　　(后)单盘制动/双活塞卡钳/ABS
轮胎规格: (前)110/70 R17 M/C 54H

(后)150/60 R17 M/C 66H
座高: 785mm
整备质量: 172kg
燃油箱容积: 14L

Ninja 500 SE 40th Anniversary Edition

发动机型式: 水冷/DOHC/8气门/并列双缸
排量: 451mL
缸径×冲程: 70mm×58.6mm
压缩比: 11.3:1
最大功率: 38.3kW(10 000r/min)
最大扭矩: 42.6N·m(7 500r/min)
变速器: 6速往复式
车架型式: 高强度钢管网格型
外形尺寸(长×宽×高): 1 995mm×730mm×
　　　　　　　　　　　 1 120mm
轴距: 1 375mm
最小离地间隙: 145mm
悬挂系统: (前)直径41mm套筒式前叉
　　　　　(后)多连杆单筒减震器/多段预载可调

制动系统: (前)半浮动单盘制动/单向平衡双活塞
　　　　　卡钳/ABS
　　　　　(后)单盘制动/双活塞卡钳/ABS
轮胎规格: (前)110/70 R17 M/C 54H

(后)150/60 R17 M/C 66H
座高: 785mm
整备质量: 172kg
燃油箱容积: 14L

Z500

发动机型式：水冷/DOHC/8气门/并列双缸
排量：451mL
缸径×冲程：70mm×58.6mm
压缩比：11.3：1
最大功率：38.3kW（10 000r/min）
最大扭矩：42.6N·m（7 500r/min）
变速器：6速往复式
车架型式：高强度钢管网格型
外形尺寸（长×宽×高）：1 995mm×800mm× 1 055mm
轴距：1 375mm

最小离地间隙：145mm
悬挂系统：（前）直径41mm套筒式前叉
（后）多连杆单筒减震器/多段预载可调
制动系统：（前）半浮动单盘制动/单向平衡双活塞卡钳/ABS
（后）单盘制动/双活塞卡钳/ABS

轮胎规格：（前）110/70 R17 M/C 54H
（后）150/60 R17 M/C 66H
座高：785mm
整备质量：167kg
燃油箱容积：14L

Z500 SE

发动机型式：水冷/DOHC/8气门/并列双缸
排量：451mL
缸径×冲程：70mm×58.6mm
压缩比：11.3：1
最大功率：38.3kW（10 000r/min）
最大扭矩：42.6N·m（7 500r/min）
变速器：6速往复式
车架型式：高强度钢管网格型
外形尺寸（长×宽×高）：1 995mm×800mm× 1 050mm
轴距：1 375mm
最小离地间隙：145mm
悬挂系统：（前）直径41mm套筒式前叉
（后）多连杆单筒减震器/多段预载可调

制动系统：（前）半浮动单盘制动/单向平衡双活塞卡钳/ABS
（后）单盘制动/双活塞卡钳/ABS
轮胎规格：（前）110/70 R17 M/C 54H
（后）150/60 R17 M/C 66H
座高：785mm
整备质量：168kg
燃油箱容积：14L

Ninja 650

发动机型式：水冷/DOHC/8气门/并列双缸
排量：649mL
缸径×冲程：83mm×60mm
压缩比：10.8：1
最大功率：45.5kW（7 200r/min）
最大扭矩：62.1N·m（6 700r/min）
变速器：6速往复式
车架型式：高强度钢管网格型
外形尺寸（长×宽×高）：2 115mm×740mm× 1 145mm
轴距：1 410mm
最小离地间隙：130mm
悬挂系统：（前）直径41mm套筒式前叉
（后）多连杆单筒式减震器/预载可调

制动系统：（前）半浮动双盘制动/双活塞卡钳/ABS
（后）单盘制动/单活塞卡钳/ABS
轮胎规格：（前）120/70 ZR17 M/C 58W
（后）160/60 ZR17 M/C 69W
座高：790mm
整备质量：193kg
燃油箱容积：15L

KLX230

发动机型式: 风冷/SOHC/2气门/单缸

排量: 233mL

缸径×冲程: 67mm×66mm

压缩比: 9.4:1

最大功率: 13.8kW(7 600r/min)

最大扭矩: 19.5N·m(6 100r/min)

变速器: 6速往复式

车架型式: 高拉力钢型

外形尺寸(长×宽×高): 2 105mm×835mm× 1 165mm

轴距: 1 370mm

最小离地间隙: 265mm

悬挂系统: (前)直径37mm套筒式前叉
(后)多连杆单筒减震器/预载可调

制动系统: (前)单盘制动/双活塞卡钳
(后)单盘制动/单活塞卡钳

轮胎规格: (前)2.75-21 45P
(后)4.1-18 59P

座高: 885mm

整备质量: 134kg

燃油箱容积: 7.5L

KLX230SM

发动机型式: 风冷/SOHC/2气门/单缸

排量: 233mL

缸径×冲程: 67mm×66mm

压缩比: 9.4:1

最大功率: 13.8kW(7 600r/min)

最大扭矩: 19.5N·m(6 100r/min)

变速器: 6速往复式

车架型式: 高拉力钢型

外形尺寸(长×宽×高): 2 050mm×835mm× 1 120mm

轴距: 1 375mm

最小离地间隙: 230mm

悬挂系统: (前)直径37mm倒立式前叉
(后)多连杆单筒减震器/预载可调

制动系统: (前)单盘制动/双活塞卡钳
(后)单盘制动/单活塞卡钳

轮胎规格: (前)110/70-17 M/C 54P
(后)120/70-17 M/C 58P

座高: 845mm

整备质量: 136kg

燃油箱容积: 7.5L

Diavel V4

发动机型式: 水冷/4气门/90°V型四缸

排量: 1 158mL

最大功率: 123.6kW（10 750r/min）

最大扭矩: 124N·m（8 750r/min）

车架型式: 铝制单体横造型

悬挂系统:（前）直径50mm全段可调式前叉

（后）全段可调单筒减震器/铸铝单摇臂

制动系统:（前）半浮动式双盘制动/径向四活塞

卡钳/弯道ABS

（后）单盘制动/双活塞卡钳/弯道ABS

轮胎规格:（前）120/70 ZR17

（后）160/60 ZR17

座高: 790mm

净质量: 211kg

整备质量: 223kg

燃油箱容积: 20L

Hypermotard 950 SP

发动机型式: Testastretta 11°/双缸

排量: 937mL

最大功率: 82.5kW（9 000r/min）

最大扭矩: 93.5N·m（7 250r/min）

座高: 890mm

整备质量: 191kg

Streetfighter V4

发动机型式: 水冷/4气门/90°V型四缸

排量: 1 103mL

缸径×冲程: 81mm×53.5mm

最大功率: 153.2kW（13 000r/min）

最大扭矩: 123N·m（11 500r/min）

座高: 845mm

净质量: kg

整备质量: 195kg

Streetfighter V4 SP

发动机型式： 水冷/4气门/90° V型四缸

排量： 1 103mL

缸径×冲程： 81mm×53.5mm

最大功率： 153.2kW（13 000r/min）

最大扭矩： 123N·m（11 500r/min）

悬挂系统：（前）全段可调NIX-30前叉

（后）全段可调TTX36后减震器

座高： 845mm

净质量： 178kg

燃油箱容积： 16L

Multistrada V4S

发动机型式： 水冷/4气门/90° V型四缸

排量： 1 158mL

最大功率： 124kW（10 750r/min）

最大扭矩： 118N·m（9 000r/min）

座高： 790~810mm可调节

整备质量： 231kg

Multistrada V4 Rally

发动机型式： 水冷/4气门/90° V型四缸

排量： 1 158mL

最大功率： 124kW（10 750r/min）

最大扭矩： 118N·m（9 000r/min）

座高： 805~825mm可调节

整备质量： 238kg

Panigale V4

发动机型式: 水冷/4气门/90° V型四缸

排量: 1 103mL

缸径×冲程: 81mm×53.5mm

压缩比: 14：1

最大功率: 153.5kW（12 750r/min）

最大扭矩: 121.3N·m（11 250r/min）

车架型式: 高强度铝合金

悬挂系统: （前）直径43mm前叉/全段可调

（后）全段可调单筒减震器/铸铝单摇臂

制动系统: （前）半浮动式双盘制动/径向四活塞

卡钳/弯道ABS

（后）单盘制动/双活塞卡钳/弯道ABS

轮胎规格: （前）120/70 ZR17 M/C 58W

（后）240/45 ZR17 M/C 82W

座高: 850mm

净质量: 211kg

整备质量: 223kg

燃油箱容积: 20L

Panigale V4S

发动机型式: 水冷/4气门/90° V型四缸

排量: 1 158mL

缸径×冲程: 81mm×53.5mm

压缩比: 14：1

最大功率: 123.6kW（10 750r/min）

最大扭矩: 124N·m（8 750r/min）

车架型式: 铝制单体横造型

悬挂系统: （前）50毫米全段可调式前叉

（后）全段可调单筒减震器/铸铝单摇臂

制动系统: （前）半浮动式双盘制动/径向四活塞

卡钳/弯道ABS

（后）单盘制动/双活塞卡钳/弯道ABS

轮胎规格: （前）120/70 ZR17 M/C 58W

（后）240/45 ZR17 M/C 82W

座高: 850mm

净质量: 211kg

整备质量: 223kg

燃油箱容积: 20L

杜卡迪

Supersport 950

排量: 937mL
最大功率: 81kW（9 000r/min）
最大扭矩: 93N·m（6 500r/min）
轴距: 1 480mm
座高: 810mm
整备质量: 205kg

DesertX

排量: 937mL
最大功率: 81kW（9 250r/min）
最大扭矩: 92N·m（6 500r/min）
座高: 835mm
整备质量: 210kg

Scrambler Icon

排量: 803mL
最大功率: 53.8kW（8 250r/min）
最大扭矩: 65.2N·m（7 000r/min）
座高: 795mm
整备质量: 176kg

Scrambler Full Throttle

排量: 803mL

最大功率: 53.8kW（8 250r/min）

最大扭矩: 65.2N·m（7 000r/min）

座高: 795mm

整备质量: 176kg

Scrambler Night Shift

排量: 803mL

最大功率: 53.8kW（8 250r/min）

最大扭矩: 65.2N·m（7 000r/min）

座高: 795mm

整备质量: 182kg

Monster SP

发动机型式: Testastretta 11°/L 型双缸

排量: 937mL

最大功率: 82kW（9 250r/min）

最大扭矩: 92N·m（6 500r/min）

座高: 810mm

整备质量: 177kg

杜卡迪

Monster

发动机型式: Testastretta 11° /L型双缸
排量: 937mL
最大功率: 81.8kW (9 250r/min)

最大扭矩: 92N·m (6 500r/min)
座高: 775mm
整备质量: 179kg

Panigale V2 Bayliss

发动机型式: 水冷/V型双缸
排量: 955mL
最大功率: 115.5kW (10 750r/min)
最大扭矩: 101.5N·m (9 000r/min)

轴距: 1 436mm
座高: 835mm
整备质量: 190kg
燃油箱容积: 17L

Sportster S

发动机型式: 水冷/DOHC/V型双缸

排量: 1 252mL

缸径×冲程: 105mm×72.3mm

压缩比: 12:1

最大功率: 90kW(7 500r/min)

最大扭矩: 126N·m(6 000r/min)

外形尺寸(长): 2 270mm

轴距: 1 520mm

最小离地间隙: 90mm

悬挂系统: (前)直径43mm倒立式前叉/压缩、回弹及预载可调

(后)多连杆背负式单减震器/压缩、回弹及预载可调

制动系统: (前)四活塞卡钳/ABS

(后)单活塞卡钳/ABS

轮胎规格: (前)160/70 R17 73V

(后)180/70 R16 77V

座高: 765mm

整备质量: 228kg

燃油箱容积: 11.8L

参考售价: 136 800元

Nightster Special

发动机型式: 水冷/V型双缸

排量: 975mL

缸径×冲程: 9/mm×66mm

压缩比: 12:1

最大功率: 68kW(7 500r/min)

最大扭矩: 97N·m(5 750r/min)

外形尺寸(长): 2 210mm

轴距: 1 556mm

最小离地间隙: 114mm

悬挂系统: (前)直径41mm传统型双弯阀门前叉

(后)双外侧后减震器/预载可调

制动系统: (前)单盘制动/四活塞卡钳/ABS

(后)单活塞卡钳/ABS

轮胎规格: (前)100/90-19 57H

(后)150/80 B16 77H

座高: 705mm

整备质量: 219kg

燃油箱容积: 11.7L

参考售价: 122 800元

哈雷-戴维森

Fat Boy 114

发动机型式: V型双缸/Milwaukee-Eight 114

排量: 1 868mL

缸径×冲程: 102mm×114.3mm

压缩比: 10.5:1

最大功率: 70kW(4 750r/min)

最大扭矩: 161N·m(3 000r/min)

外形尺寸(长): 2 370mm

轴距: 1 665mm

最小离地间隙: 115mm

悬挂系统: (前)直径49mm伸缩式双弯阀门前叉
　　　　　　(后)螺簧单减震器/预载可调

制动系统: (前)悬浮式制动盘/四活塞固定卡钳/ABS
　　　　　　(后)双活塞浮动卡钳/ABS

轮胎规格: (前)160/60 R18 70V BW
　　　　　　(后)240/40 R18 79V BW

座高: 675mm

整备质量: 317kg

燃油箱容积: 18.9L

参考售价: 310 800元

Fat Bob 114

发动机型式: V型双缸/Milwaukee-Eight 114

排量: 1 868mL

缸径×冲程: 102mm×114.3mm

压缩比: 10.5:1

最大功率: 71kW(4 750r/min)

最大扭矩: 160N·m(3 500r/min)

外形尺寸(长): 2 340mm

轴距: 1 615mm

最小离地间隙: 120mm

悬挂系统: (前)直径43mm倒立式前叉
　　　　　　(后)螺簧单减震器/预载可调

制动系统: (前)悬浮式制动盘/四活塞固定卡钳/ABS
　　　　　　(后)双活塞浮动卡钳/ABS

轮胎规格: (前)150/80-16 71H BW
　　　　　　(后)180/70 B16 77H BW

座高: 710mm

整备质量: 306kg

燃油箱容积: 13.2L

参考售价: 255 800元

哈雷-戴维森

Low Rider ST

发动机型式: V型双缸/Milwaukee-Eight 117

排量: 1 923mL

缸径×冲程: 103.5mm×114.3mm

压缩比: 10.2∶1

最大功率: 77kW（4 750r/min）

最大扭矩: 169N·m（3 500r/min）

外形尺寸（长）: 2 365mm

轴距: 1 615mm

最小离地间隙: 150mm

悬挂系统:（前）直径43mm倒立式前叉
（后）隐藏式线圈单减震器/预载可调

制动系统:（前）悬浮式制动盘/四活塞固定卡钳/ABS
（后）双活塞浮动卡钳/ABS

轮胎规格:（前）110/90 B19 62H BW
（后）180/70 B16 77H BW

座高: 720mm

整备质量: 327kg

燃油箱容积: 18.9L

参考售价: 285 800元

Low Rider S

发动机型式: V型双缸/Milwaukee-Eight 117

排量: 1 923mL

缸径×冲程: 103.5mm×114.3mm

压缩比: 10.2∶1

最大功率: 77kW（4 750r/min）

最大扭矩: 169N·m（3 500r/min）

外形尺寸（长）: 2 365mm

轴距: 1 615mm

最小离地间隙: 145mm

悬挂系统:（前）直径43mm倒立式前叉
（后）隐藏式线圈单减震器/预载可调

制动系统:（前）悬浮式制动盘/四活塞固定卡钳/ABS
（后）双活塞浮动卡钳/ABS

轮胎规格:（前）110/90 B19 62H BW
（后）180/70 B16 77H BW

座高: 710mm

整备质量: 308kg

燃油箱容积: 18.9L

参考售价: 235 800元

哈雷-戴维森

Breakout 117

发动机型式: V型双缸/Milwaukee-Eight 117

排量: 1 923mL

缸径×冲程: 103.5mm×114.3mm

压缩比: 10.2:1

最大功率: 75kW (4 750r/min)

最大扭矩: 167N·m (3 500r/min)

外形尺寸 (长): 2 370mm

轴距: 1 695mm

最小离地间隙: 115mm

悬挂系统: (前) 直径49mm伸缩式双弯阀门前叉
　　　　　 (后) 螺簧单减震器/预载可调

制动系统: (前) 悬浮式制动盘/四活塞固定卡钳/ABS
　　　　　 (后) 双活塞浮动卡钳/ABS

轮胎规格: (前) 130/60 B21 63H BW
　　　　　 (后) 240/40 R18 79V BW

座高: 665mm

整备质量: 310kg

燃油箱容积: 18.9L

参考售价: 285 800元

Softail Standard

发动机型式: V型双缸/Milwaukee-Eight 107

排量: 1 745mL

缸径×冲程: 100mm×111.1mm

压缩比: 10:1

最大功率: 65kW (5 020r/min)

最大扭矩: 149N·m (3 000r/min)

外形尺寸 (长): 2 320mm

轴距: 1 630mm

最小离地间隙: 125mm

悬挂系统: (前) 直径49mm伸缩式双弯阀门前叉
　　　　　 (后) 螺簧单减震器/预载可调

制动系统: (前) 四活塞固定卡钳/ABS
　　　　　 (后) 双活塞浮动卡钳/ABS

轮胎规格: (前) 100/90 B19 57H BW
　　　　　 (后) 150/80 B16 77H BW

座高: 680mm

整备质量: 297kg

燃油箱容积: 13.2L

参考售价: 175 800元

Heritage Classic 114

发动机型式: V型双缸/Milwaukee-Eight 114

排量: 1 868mL

缸径×冲程: 102mm×114.3mm

压缩比: 10.5:1

最大功率: 70kW(4 750r/min)

最大扭矩: 161N·m(3 000r/min)

外形尺寸(长): 2 415mm

轴距: 1 630mm

最小离地间隙: 120mm

悬挂系统: (前)直径49mm伸缩式双弯阀门前叉
　　　　　(后)螺簧单减震器/预载可调

制动系统: (前)四活塞固定卡钳/ABS
　　　　　(后)双活塞浮动卡钳/ABS

轮胎规格: (前)130/90 B16 73H BW
　　　　　(后)150/80 B16 77H BW

座高: 680mm

整备质量: 330kg

燃油箱容积: 18.9L

参考售价: 175 800元

Street Bob 114

发动机型式: V型双缸/Milwaukee-Eight 114

排量: 1 868mL

缸径×冲程: 102mm×114.3mm

压缩比: 10.5:1

最大功率: 70kW(4 750r/min)

最大扭矩: 161N·m(3 000r/min)

外形尺寸(长): 2 320mm

轴距: 1 630mm

最小离地间隙: 125mm

悬挂系统: (前)直径49mm伸缩式双弯阀门前叉
　　　　　(后)螺簧单减震器/预载可调

制动系统: (前)四活塞固定卡钳/ABS(可选)
　　　　　(后)双活塞浮动卡钳/ABS(可选)

轮胎规格: (前)100/90 B19 57H BW
　　　　　(后)150/80 B16 77H BW

座高: 680mm

整备质量: 297kg

燃油箱容积: 13.2L

参考售价: 195 800元

哈雷-戴维森

Hydra Glide Revival

发动机型式: V型双缸/Milwaukee-Eight 114

排量: 1 868mL

缸径×冲程: 102mm×114.3mm

压缩比: 10.5:1

最大功率: 70kW(4 750r/min)

最大扭矩: 161N·m(3 000r/min)

外形尺寸(长): 2 415mm

轴距: 1 630mm

最小离地间隙: 118mm

悬挂系统: (前)直径49mm伸缩式双弯阀门前叉
(后)螺簧单减震器/预载可调

制动系统: (前)四活塞固定卡钳/ABS(可选)
(后)双活塞浮动卡钳/ABS(可选)

轮胎规格: (前)130/90 B16 73H BW
(后)150/80 B16 77H BW

座高: 687mm

整备质量: 336kg

燃油箱容积: 18.9L

参考售价: 195 800元

Ultra Limited

发动机型式: V型双缸/Milwaukee-Eight 114

排量: 1 868mL

缸径×冲程: 102mm×114.3mm

压缩比: 10.5:1

最大功率: 69kW(5 020r/min)

最大扭矩: 166N·m(2 750r/min)

外形尺寸(长): 2 600mm

轴距: 1 625mm

最小离地间隙: 135mm

悬挂系统: (前)直径49mm伸缩式双弯阀门前叉
(后)可调节后减震器

制动系统: (前)悬浮式双盘制动/四活塞固定卡钳/ABS
(后)固定式单盘制动/四活塞固定卡钳/ABS

轮胎规格: (前)130/70 B18 63H BW
(后)180/55 B18 80H BW

座高: 740mm

整备质量: 416kg

燃油箱容积: 22.7L

参考售价: 449 800元

Road Glide

发动机型式: V型双缸/Milwaukee-Eight 117

排量: 1 923mL

缸径×冲程: 103.5mm×114.3mm

压缩比: 10.3 : 1

最大功率: 67kW（5 020r/min)

最大扭矩: 150.5N·m（3 750r/min)

外形尺寸(长×宽): 2 410mm×945mm

轴距: 1 625mm

最小离地间隙: 145mm

悬挂系统: （前）直径49mm伸缩式双弯阀门前叉
（后）双外置液压后减震器/预载可调

制动系统: （前）悬浮式双盘制动/四活塞固定卡钳/ABS
（后）固定式单盘制动/四活塞固定卡钳/ABS

轮胎规格: （前）130/60 B19M/C 61H
（后）180/55 B18M/C 80H

座高: 720mm

整备质量: 380kg

燃油箱容积: 22.7L

Street Glide

发动机型式: V型双缸/Milwaukee-Eight 117

排量: 1 923mL

缸径×冲程: 103.5mm×114.3mm

压缩比: 10.3 : 1

最大功率: 67kW（5 020r/min)

最大扭矩: 151N·m（3 750r/min)

外形尺寸(长×宽): 2 410mm×975mm

轴距: 1 625mm

最小离地间隙: 140mm

悬挂系统: （前）直径49mm伸缩式双弯阀门前叉
（后）双外置液压后减震器/预载可调

制动系统: （前）悬浮式双盘制动/四活塞固定卡钳/ABS
（后）固定式单盘制动/四活塞固定卡钳/ABS

轮胎规格: （前）130/60 B19M/C 61H
（后）180/55 B18M/C 80H

座高: 715mm

整备质量: 368kg

燃油箱容积: 22.7L

CVO Street Glide

发动机型式: V型双缸/Milwaukee-Eight VVT 121

排量: 1 977mL

缸径×冲程: 103.5mm×117.5mm

压缩比: 11.4:1

最大功率: 86kW(4 500r/min)

最大扭矩: 189N·m(3 000r/min)

外形尺寸(长): 2 410mm

轴距: 1 625mm

最小离地间隙: 140mm

悬挂系统: (前)直径47mm倒立式前叉
(后)可调节双后减震器

制动系统: (前)悬浮式双盘制动/四活塞固定卡钳/ABS
(后)固定式单盘制动/四活塞固定卡钳/ABS

轮胎规格: (前)130/60 B19M/C 61H
(后)180/55 B18M/C 80H

座高: 711mm

整备质量: 380kg

燃油箱容积: 22.7L

参考售价: 498 800元

CVO Road Glide

发动机型式: V型双缸/Milwaukee-Eight VVT 121

排量: 1 977mL

缸径×冲程: 103.5mm×117.5mm

压缩比: 11.4:1

最大功率: 86kW(4 500r/min)

最大扭矩: 189N·m(3 000r/min)

外形尺寸(长): 2 410mm

轴距: 1 625mm

最小离地间隙: 145mm

悬挂系统: (前)直径47mm倒立式前叉
(后)可调节双后减震器

制动系统: (前)悬浮式双盘制动/四活塞固定卡钳/ABS
(后)固定式单盘制动/四活塞固定卡钳/ABS

轮胎规格: (前)130/60 B19M/C 61H
(后)180/55 B18M/C 80H

座高: 714mm

整备质量: 391kg

燃油箱容积: 22.7L

参考售价: 518 800元

CVO Road Glide ST

发动机型式: V型双缸/Milwaukee-Eight 121/高功率

排量: 1 977mL

缸径×冲程: 103.5mm×117.5mm

压缩比: 11.4 : 1

最大功率: 95kW (4 900r/min)

最大扭矩: 197N·m (4 000r/min)

外形尺寸 (长): 2 410mm

轴距: 1 625mm

最小离地间隙: 130mm

悬挂系统: (前) 直径47mm倒立式前叉/压缩、回弹及预载可调

(后) 液压减震器/压缩、回弹及预载可调

制动系统: (前) 悬浮式双盘制动/四活塞固定卡钳/ABS

(后) 固定式单盘制动/四活塞固定卡钳/ABS

轮胎规格: (前) 130/60 B19 M/C 61H

(后) 180/55 B18 M/C 80H

座高: 720mm

整备质量: 380kg

燃油箱容积: 22.7L

参考售价: 508 800元

Pan America 1250 Special

发动机型式: V型双缸/Revolution Max 1250

排量: 1 252mL

缸径×冲程: 105mm×72.3mm

压缩比: 13 : 1

最大功率: 112kW (8 750r/min)

最大扭矩: 129N·m (6 750r/min)

外形尺寸 (长): 2 270mm

轴距: 1 585mm

最小离地间隙: 175mm

悬挂系统: (前) 直径47mm倒立式前叉/半主动式电子调节阻尼控制

(后) 单减震器/压缩、回弹及预载可调

制动系统: (前) 四活塞卡钳/ABS

(后) 单活塞卡钳/ABS

轮胎规格: (前) 120/70 R19 60V

(后) 170/60 R17 72V

座高: 789mm/814mm

整备质量: 258kg

燃油箱容积: 21.2L

参考售价: 211 800元

Tri Glide Ultra

发动机型式: Twin-Cooled Milwaukee Eight 114

排量: 1 868mL

缸径×冲程: 102mm×114.3mm

压缩比: 10.5 : 1

最大功率: 64kW (5 020r/min)

最大扭矩: 157N·m (3 000r/min)

外形尺寸 (长×宽): 2 670mm×1 390mm

轴距: 1 670mm

最小离地间隙: 125mm

悬挂系统: (前) 直径49mm双弯阀门前叉

(后) 手动调节油液式后减震器

制动系统: (前) 双悬浮制动盘/四活塞固定式卡钳/ABS

(后) 固定式制动盘/集成式驻车制动/ABS

轮胎规格: (前) MT 130/60 B19 M/C 61H

(后) P215/45 R18 83T

座高: 695mm

整备质量: 561kg

燃油箱容积: 22.7L

Honda DreamWing

GL1800 Gold Wing Tour

发动机型式: 水冷/24气门/SOHC/水平对置6缸

排量: 1 833mL

缸径×冲程: 73mm×73mm

压缩比: 10.5∶1

最大功率: 93kW（5 500r/min）

最大扭矩: 170N·m（4 500r/min）

外形尺寸（长×宽×高）: 2 615mm×905mm×
　　　　　　　　　　　　1 430mm

轴距: 1 695mm

最小离地间隙: 130mm

制动系统:（前）液压盘式制动/ABS
　　　　　　（后）液压盘式制动/ABS

轮胎规格:（前）130/70 R18 M/C 63H
　　　　　　（后）200/55 R16 M/C 77H

座高: 745mm

整备质量: 389kg

燃油箱容积: 21L

参考售价: 399 800元

NT1100

发动机型式: 水冷/DOHC/双缸

排量: 1 084mL

缸径×冲程: 92mm×81.5mm

压缩比: 10∶1

最大功率: 73kW（7 500r/min）

最大扭矩: 103N·m（6 000r/min）

变速器: 电子式6挡变速（DCT）

外形尺寸（长×宽×高）: 2 240mm×865mm×
　　　　　　　　　　　　1 360mm

轴距: 1 535mm

最小离地间隙: 175mm

座高: 820mm

整备质量: 248kg

燃油箱容积: 20.4L

参考售价: 153 800元

CM1100

发动机型式: 水冷/8气门/OHC/并列双缸

排量: 1 084mL

缸径×冲程: 92mm×81.5mm

压缩比: 10.1∶1

最大功率: 59kW (7 000r/min)

最大扭矩: 94N·m (4 750r/min)

变速器: 电子式6挡变速 (DCT)

外形尺寸 (长×宽×高): 2 240mm×853mm× 1 115mm

轴距: 1 520mm

最小离地间隙: 120mm

制动系统: (前) 液压盘式制动/ABS (后) 液压盘式制动/ABS

轮胎规格: (前) 130/70 B18 M/C 63H (后) 180/65 B16 M/C 81H

座高: 700mm

整备质量: 223kg

燃油箱容积: 13.6L

参考售价: 122 800元

CM500

发动机型式: 水冷/DOHC/并列双缸

排量: 471mL

缸径×冲程: 67mm×66.8mm

压缩比: 10.7∶1

最大功率: 33.6kW (8 500r/min)

最大扭矩: 43.3N·m (6 000r/min)

变速器: 常啮合6速回转变速

外形尺寸 (长×宽×高): 2 205mm×820mm× 1 090mm

轴距: 1 490mm

最小离地间隙: 125mm

制动系统: (前) 液压盘式制动/ABS (后) 液压盘式制动/ABS

轮胎规格: (前) 130/90-16 M/C 67H (后) 150/80-16 M/C 71H

座高: 690mm

整备质量: 191kg

燃油箱容积: 11.2L

参考售价: 59 800元

Honda DreamWing

CRF1100L Africa Twin Adventure Sports ES

发动机型式: 水冷/SOHC/并列双缸

排量: 1 084mL

缸径×冲程: 92mm×81.5mm

压缩比: 10.5∶1

最大功率: 73kW（7 500r/min）

最大扭矩: 107N·m（5 250r/min）

变速器: 电子式6挡变速（DCT）

外形尺寸(长×宽×高): 2 330mm×960mm× 1 485mm/1 540mm

轴距: 1 575mm

最小离地间隙: 250mm

轮胎规格: （前）90/90-21 M/C 54H
（后）150/70 R18 M/C 70H

座高: 850mm/890mm

整备质量: 231kg

燃油箱容积: 18.8L

参考售价: 185 800元

XL750 Transalp

发动机型式: 水冷/8气门/SOHC/双缸

排量: 755mL

缸径×冲程: 87mm×63.5mm

压缩比: 11∶1

最大功率: 51kW（7 000r/min）

最大扭矩: 69N·m（6 500r/min）

变速器: 常啮合6速回转变速

外形尺寸(长×宽×高): 2 325mm×838mm× 1 370mm

轴距: 1 490mm

最小离地间隙: 210mm

制动系统: （前）液压盘式制动/ABS
（后）液压盘式制动/ABS

轮胎规格: （前）90/90-21 M/C 54H
（后）150/70 R18 M/C 70H

座高: 855mm

整备质量: 208kg

燃油箱容积: 16.9L

参考售价: 88 800元

NC750X

发动机型式: 水冷/8气门/SOHC/并列双缸

排量: 745mL

缸径×冲程: 77mm×80mm

压缩比: 10.7:1

最大功率: 43.1kW (6 750r/min)

最大扭矩: 69N·m (4 750r/min)

变速器: DCT手自一体6速

外形尺寸 (长×宽×高): 2 210mm×846mm× 1 330mm

轴距: 1 535mm

最小离地间隙: 145mm

制动系统: (前) 液压盘式制动/ABS

(后) 液压盘式制动/ABS

轮胎规格: (前) 120/70 ZR17 M/C 58W

(后) 160/60 ZR17 M/C 69W

座高: 802mm

整备质量: 224kg

燃油箱容积: 16.9L

参考售价: 91 800元

X-ADV

发动机型式: 水冷/8气门/SOHC/并列双缸

排量: 745mL

缸径×冲程: 77mm×80mm

压缩比: 10.7:1

最大功率: 43.1kW (6 750r/min)

最大扭矩: 69N·m (4 750r/min)

变速器: DCT手自一体6速

外形尺寸 (长×宽×高): 2 200mm×940mm× 1 290mm/1 380mm

轴距: 1 580mm

最小离地间隙: 135mm

制动系统: (前) 液压盘式制动/ABS

(后) 液压盘式制动/ABS

轮胎规格: (前) 120/70 R17 M/C 58H

(后) 160/60 R15 M/C 67H

座高: 790mm

整备质量: 237kg

燃油箱容积: 13.2L

参考售价: 129 800元

CB500X

发动机型式: 水冷/8气门/DOHC/并列双缸

排量: 471mL

缸径×冲程: 67mm×66.8mm

压缩比: 10.7:1

最大功率: 37kW (8 500r/min)

最大扭矩: 45N·m (6 500r/min)

变速器: 常啮合6速回转变速

外形尺寸 (长×宽×高): 2 155mm×830mm× 1 345mm/1 380mm

轴距: 1 445mm

最小离地间隙: 180mm

制动系统: (前) 双盘制动/对向双活塞卡钳

(后) 单盘制动

轮胎规格: (前) 110/80 ZR19

(后) 160/60 ZR17

座高: 834mm

整备质量: 199kg

燃油箱容积: 17.5L

参考售价: 62 800元

Honda DreamWing

CBR650R

发动机型式: 水冷/16气门/DOHC/并列四缸

排量: 649mL

缸径×冲程: 67mm×46mm

压缩比: 11.6:1

最大功率: 56kW(9 000r/min)

最大扭矩: 60N·m(9 000r/min)

变速器: 常啮合6速回转变速/搭载电控离合

外形尺寸(长×宽×高): 2 130mm×750mm×
　　　　　　　　　　 1 145mm

轴距: 1 450mm

最小离地间隙: 130mm

制动系统: (前)液压盘式制动/ABS
　　　　　(后)液压盘式制动/ABS

轮胎规格: (前)120/70 ZR17 M/C 58W
　　　　　(后)180/55 ZR17 M/C 73W

座高: 810mm

整备质量: 212kg

燃油箱容积: 15.4L

参考售价: 82 800元

CBR500R

发动机型式: 水冷/8气门/DOHC/并列双缸

排量: 471mL

缸径×冲程: 67mm×66.8mm

压缩比: 10.7:1

最大功率: 37kW(8 500r/min)

最大扭矩: 45N·m(6 500r/min)

变速器: 常啮合6速回转变速

外形尺寸(长×宽×高): 2 080mm×760mm×
　　　　　　　　　　 1 145mm

轴距: 1 410mm

最小离地间隙: 130mm

制动系统: (前)双盘制动/辐射式四活塞卡钳
　　　　　(后)单盘制动

轮胎规格: (前)120/70 ZR17
　　　　　(后)160/60 ZR17

座高: 789mm

整备质量: 192kg

燃油箱容积: 17.1L

参考售价: 63 800元

Honda DreamWing

CB1300 SF

发动机型式: 水冷/16气门/DOHC/并列四缸

排量: 1 284mL

缸径×冲程: 75mm×56.5mm

压缩比: 9.6：1

最大功率: 76kW（7 750r/min）

最大扭矩: 108N·m（6 250r/min）

变速器: 常啮合6速回转变速

外形尺寸（长×宽×高）: 2 200mm×795mm× 1 125mm

轴距: 1 520mm

最小离地间隙: 130mm

制动系统:（前）油压式双盘制动

（后）油压式单盘制动

轮胎规格:（前）120/70 ZR17 M/C 58W

（后）180/55 ZR17 M/C 73W

座高: 793mm

整备质量: 267kg

燃油箱容积: 21.1L

参考售价: 152 800元

CB750

发动机型式: 水冷/8气门/SOHC/双缸

排量: 755mL

缸径×冲程: 87mm×63.5mm

压缩比: 9.6：1

最大功率: 51kW（7 000r/min）

最大扭矩: 69N·m（6 500r/min）

变速器: 常啮合6速回转变速

外形尺寸（长×宽×高）: 2 090mm×780mm× 1 085mm

轴距: 1 420mm

最小离地间隙: 140mm

制动系统:（前）液压盘式制动/ABS

（后）液压盘式制动/ABS

轮胎规格:（前）120/70 ZR17 M/C 58W

（后）160/60 ZR17 M/C 69W

座高: 795mm

整备质量: 190kg

燃油箱容积: 15.2L

参考售价: 68 800元

Honda DreamWing

CB650R

发动机型式: 水冷/16气门/DOHC/并列四缸

排量: 649mL

缸径×冲程: 67mm×46mm

压缩比: 11.6 : 1

最大功率: 56kW（9 000r/min）

最大扭矩: 60N·m（9 000r/min）

变速器: 常啮合6速回转变速/搭载电控离合

外形尺寸（长×宽×高）: 2 130mm×780mm× 1 075mm

轴距: 1 450mm

最小离地间隙: 150mm

制动系统:（前）液压盘式制动/ABS

（后）液压盘式制动/ABS

轮胎规格:（前）120/70 ZR17 M/C 58W

（后）180/55 ZR17 M/C 73W

座高: 810mm

整备质量: 207kg

燃油箱容积: 15.4L

参考售价: 76 800元

NSS750

发动机型式: 水冷/8气门/SOHC/并列双缸

排量: 745mL

缸径×冲程: 77mm×80mm

压缩比: 10.7 : 1

最大功率: 43.1kW（6 750r/min）

最大扭矩: 69N·m（4 750r/min）

变速器: DCT手自一体6速变速

外形尺寸（长×宽×高）: 2 200mm×790mm× 1 350mm

轴距: 1 580mm

最小离地间隙: 135mm

制动系统:（前）液压盘式制动/ABS

（后）液压盘式制动/ABS

轮胎规格:（前）120/70 R17 M/C 58H

（后）160/60 R15 M/C 67H

座高: 795mm

整备质量: 235kg

燃油箱容积: 13.2L

参考售价: 126 800元

CL500

发动机型式: 水冷/8气门/DOHC/并列双缸

排量: 471mL

缸径×冲程: 67mm×66.8mm

压缩比: 10.7:1

最大功率: 32.7kW(8 500r/min)

最大扭矩: 42.4N·m(6 000r/min)

变速器: 常啮合6速回转变速

外形尺寸(长×宽×高): 2 175mm×830mm× 1 135mm

轴距: 1 490mm

最小离地间隙: 155mm

制动系统: (前)双盘制动/辐射式四活塞卡钳 (后)单盘制动

轮胎规格: (前)110/80 R19 M/C 59H (后)150/70 R17 M/C 69H

座高: 790mm

整备质量: 192kg

燃油箱容积: 12L

参考售价: 58 800元

CB500F

发动机型式: 水冷/8气门/DOHC/并列双缸

排量: 471mL

缸径×冲程: 67mm×66.8mm

压缩比: 10.7:1

最大功率: 37kW(8 500r/min)

最大扭矩: 45N·m(6 500r/min)

变速器: 常啮合6速回转变速

外形尺寸(长×宽×高): 2 080mm×800mm× 1 060mm

轴距: 1 410mm

最小离地间隙: 145mm

制动系统: (前)双盘制动/辐射式四活塞卡钳 (后)单盘制动

轮胎规格: (前)120/70 ZR17 (后)160/60 ZR17

座高: 789mm

整备质量: 189kg

燃油箱容积: 17.1L

参考售价: 57 800元

凯旋

全新 TIGER 900 RALLY PRO

发动机型式: 水冷/4气门/DOHC/并列3缸

排量: 888mL

缸径×冲程: 78mm×61.9mm

压缩比: 13.0:1

最大功率: 79.5kW(9 500r/min)

最大扭矩: 90N·m(6 850r/min)

车架型式: 钢管车架型主车架/铝合金后副车架

外形尺寸(宽×高): 935mm×1 452~1 502mm

轴距: 1 551mm

悬挂系统: (前)Showa直径45mm倒立式前叉/预
载、压缩和回弹阻尼可调/行程240mm
(后)Showa中置减震器/预载、回弹阻
尼可调/轮上行程230mm

制动系统: (前)直径320mm双浮动式盘式制动/
Brembo Stylema® 四活塞一体成型卡钳/
直推式刹车上泵/优化弯道ABS
(后)直径255mm盘式制动/单活塞浮动式
卡钳/优化弯道ABS

轮胎规格: (前)90/90-21
(后)150/70 R17

座高: 860~880mm

整备质量: 228kg

燃油箱容积: 20L

参考售价: 139 900元

TIGER SPORT 660

发动机型式: 水冷/4气门/DOHC/并列3缸

排量: 660mL

缸径×冲程: 74mm×51.1mm

压缩比: 11.95:1

最大功率: 59.7kW(10 250r/min)

最大扭矩: 65N·m(8 000r/min)

车架型式: 钢管型

外形尺寸(宽×高): 934mm×1 398mm

轴距: 1 418mm

悬挂系统: (前)Showa直径41mm SFF分离功能
倒立式前叉/行程150mm
(后)Showa中置减震器/分离式免工具
预载调节器/后轮行程150mm

制动系统: (前)直径310mm双盘制动/Nissin双
活塞浮动卡钳/ABS
(后)直径255mm单盘制动/Nissin单活
塞浮动卡钳/ABS

轮胎规格: (前)120/70 R17
(后)180/55 R17

座高: 835mm

整备质量: 206kg

燃油箱容积: 17.2L

参考售价: 78 900元

TIGER 850 SPORT

发动机型式: 水冷/4气门/DOHC/并列3缸

排量: 888mL

缸径×冲程: 78mm×61.9mm

压缩比: 13.0:1

最大功率: 62.5kW(8 500r/min)

最大扭矩: 82N·m(6 500r/min)

车架型式: 钢管分体型

外形尺寸(宽×高): 830mm×1 410~1 460mm

轴距: 1 556mm

悬挂系统: (前)Marzocchi直径45mm倒立式前叉
(后)Marzocchi中置减震器/预载手动
可调

制动系统: (前)直径320mm双浮动式盘式制动/
Brembo Stylema® 四活塞一体成型卡钳/
直推式刹车上泵/ABS
(后)直径255mm盘式制动/Brembo
单活塞浮动式卡钳/ABS

轮胎规格: (前)100/90-19
(后)150/70 R17

座高: 820~840mm

净质量: 192kg

燃油箱容积: 20L

参考售价: 99 895元

TIGER 1200 GT EXPLORER

发动机型式: 水冷/4气门/DOHC/并列3缸

排量: 1 160mL

缸径×冲程: 90mm×60.7mm

压缩比: 13.2:1

最大功率: 110.4kW(9 000r/min)

最大扭矩: 130N·m(7 000r/min)

车架型式: 钢管车架型主车架/铝合金后副车架

外形尺寸(宽×高): 982mm×1 497mm

轴距: 1 560mm

悬挂系统: (前)Showa直径49mm倒立式前叉/
半主动电子阻尼/行程200mm
(后)Showa 半主动电子中置减震器/
自动调节预载/轮上行程200mm

制动系统: (前)直径320mm双浮动式盘式制动/
Brembo M4.30 Stylema 辐射式单体
卡钳/Magura HC1直推上泵/弯道ABS
(后)直径282mm盘式制动/Brembo单
活塞卡钳/后制动上泵带分体储液罐/弯道
ABS

轮胎规格: (前)120/70 R19
(后)150/70 R18

座高: 850~870mm

整备质量: 255kg

燃油箱容积: 30L

参考售价: 173 900元

凯旋

SPEED TWIN 1200

发动机型式: 水冷/4气门/SOHC/并列双缸

排量: 1 200mL

缸径×冲程: 97.6mm×80mm

压缩比: 12.1:1

最大功率: 73.6kW (7 250r/min)

最大扭矩: 112N·m (4 250r/min)

车架型式: 钢管摇篮型

外形尺寸 (宽×高): 778mm×1 097mm

轴距: 1 413mm

悬挂系统: (前) 直径43mm倒立式前叉/行程120mm
(后) 双筒减震器/预载可调/后轮行程
120mm

制动系统: (前) 直径320mm双盘制动/Brembo
M50四活塞径向安装单体卡钳/ABS
(后) 直径220mm单盘制动/Nissin双活塞
浮动卡钳/ABS

轮胎规格: (前) 120/70 ZR17
(后) 160/60 ZR17

座高: 809mm

整备质量: 216kg

燃油箱容积: 14.5L

参考售价: 128 900元

全新 SPEED TWIN 900

发动机型式: 水冷/4气门/SOHC/并列双缸

排量: 900mL

缸径×冲程: 84.6mm×80mm

压缩比: 11:1

最大功率: 47.8kW (7 500r/min)

最大扭矩: 80N·m (3 800r/min)

车架型式: 钢管型

外形尺寸 (长×宽×高): 777mm×1 115mm

轴距: 1 435mm

悬挂系统: (前) 直径43mm倒立式前叉/行程120mm
(后) Marzocchi双筒减震器/预载可调/
后轮行程116mm

制动系统: (前) 直径320mm浮动盘式制动/Triumph
对向四活塞卡钳/OCABS
(后) 直径255mm盘式制动/Nissin双活塞
浮动卡钳/OCABS

轮胎规格: (前) 100/90-18
(后) 150/70 R17

座高: 780mm

整备质量: 216kg

燃油箱容积: 12L

BONNEVILLE T100

发动机型式: 水冷/4气门/SOHC/并列双缸

排量: 900mL

缸径×冲程: 84.6mm×80mm

压缩比: 11:1

最大功率: 47.8kW(7 500r/min)

最大扭矩: 80N·m(3 800r/min)

车架型式: 钢管双摇篮型

外形尺寸(宽×高): 780mm×1 100mm

轴距: 1 450mm

悬挂系统: (前)直径41mm正立式前叉
(后)双筒减震器/预载可调

制动系统: (前)直径310mm浮动盘式制动/Brembo
双活塞卡钳/ABS
(后)直径255mm盘式制动/Nissin双活塞
浮动卡钳/ABS

轮胎规格: (前)100/90-18
(后)150/70 R17

座高: 790mm

整备质量: 228kg

燃油箱容积: 14.5L

参考售价: 108 900元

BONNEVILLE T120

发动机型式: 水冷/4气门/SOHC/并列双缸

排量: 1 200mL

缸径×冲程: 97.6mm×80mm

压缩比: 10:1

最大功率: 58.8kW(6 550r/min)

最大扭矩: 105N·m(3 500r/min)

车架型式: 钢管摇篮型

外形尺寸(宽×高): 785mm×1 100mm

轴距: 1 450mm

悬挂系统: (前)直径41mm正立式前叉
(后)双筒减震器/预载可调

制动系统: (前)直径310mm双盘制动/Brembo
双活塞浮动卡钳/ABS
(后)直径255mm单盘制动/Nissin双活塞

浮动卡钳/ABS

轮胎规格: (前)100/90-18
(后)150/70 R17

座高: 790mm

整备质量: 236kg

燃油箱容积: 14.5L

参考售价: 118 900元

Bonneville Bobber

发动机型式: 水冷/4气门/SOHC/并列双缸

排量: 1 200mL

缸径×冲程: 97.6mm×80mm

压缩比: 12.1:1

最大功率: 57.5kW(6 100r/min)

最大扭矩: 106N·m(4 000r/min)

车架型式: 钢管摇篮型

外形尺寸(宽×高): 800mm×1 055mm

轴距: 1 500mm

悬挂系统: (前)SHOWA直径47mm正立式前叉
(后)连杆式单筒减震器

制动系统: (前)直径310mm双盘制动/Brembo
双活塞浮动卡钳/ABS

(后)直径255mm单盘制动/Nissin单活
塞浮动卡钳/ABS

轮胎规格: (前)MT90 B16
(后)150/80 R16

座高: 690~700mm

整备质量: 251kg

燃油箱容积: 12L

参考售价: 128 900元

凯旋

SCRAMBLER 400 X

发动机型式: 水冷/4气门/DOHC/单缸

排量: 398.15mL

缸径×冲程: 89mm×64mm

压缩比: 12∶1

最大功率: 29.4kW(8 000r/min)

最大扭矩: 37.5N·m(6 500r/min)

车架型式: 混合钢管型

外形尺寸(宽×高): 901mm×1 169mm

轴距: 1 418mm

悬挂系统:(前)直径43mm倒立式前叉/行程150mm
(后)中置减震器/带有外部储油罐/预载可调/后轮行程150mm

制动系统:(前)直径320mm固定盘式制动/对向四活塞卡钳/ABS
(后)直径230mm固定盘式制动/ByBre单活塞浮动卡钳/ABS

轮胎规格:(前)100/90-19
(后)140/80-17

座高: 835mm

整备质量: 179kg

燃油箱容积: 13L

参考售价: 36 900元

SCRAMBLER 900

发动机型式: 水冷/4气门/SOHC/并列双缸

排量: 900mL

缸径×冲程: 84.6mm×80mm

压缩比: 11∶1

最大功率: 47.8kW(7 250r/min)

最大扭矩: 80N·m(3 250r/min)

车架型式: 钢管摇篮型

外形尺寸(宽×高): 835mm×1 180mm

轴距: 1 445mm

悬挂系统:(前)直径41mm多片阀控正立式前叉/行程120mm
(后)双筒减震器/预载可调/后轮行程120mm

制动系统:(前)直径310mm浮动盘式制动/Brembo对向四活塞卡钳/ABS
(后)直径255mm盘式制动/Nissin双活塞浮动卡钳/ABS

轮胎规格:(前)100/90-19
(后)150/70 R17

座高: 790mm

整备质量: 2 236kg

燃油箱容积: 12L

参考售价: 113 900元

Scrambler 1200 X

发动机型式: 水冷/4气门/SOHC/并列双缸

排量: 1 200mL

缸径×冲程: 97.6mm×80mm

压缩比: 11:1

最大功率: 66.2kW(7 000r/min)

最大扭矩: 110N·m(4 250r/min)

车架型式: 钢管型

外形尺寸(宽×高): 834mm×1 185mm

轴距: 1 525mm

悬挂系统: (前)Marzocchi USD倒立式前叉/行程170mm

(后)Marzocchi RSU双筒减震器/背负式储油罐/预载可调/后轮行程170mm

制动系统: (前)直径310mm双盘制动/Nissin双活塞卡钳/ABS

(后)直径255mm单盘制动/Nissin单活塞卡钳/ABS

轮胎规格: (前)90/90-21

(后)150/70 R17

座高: 820mm

整备质量: 228kg

燃油箱容积: 15L

参考售价: 125 000元

Scrambler 1200 XE

发动机型式: 水冷/4气门/SOHC/并列双缸

排量: 1 200mL

缸径×冲程: 97.6mm×80mm

压缩比: 11:1

最大功率: 66.2kW(7 000r/min)

最大扭矩: 110N·m(4 250r/min)

车架型式: 钢管型

外形尺寸(宽×高): 905mm×1 250mm

轴距: 1 570mm

悬挂系统: (前)Marzocchi直径45mm倒立式前叉/全可调/行程250mm

(后)Marzocchi RSU双筒减震器/背负式储油罐/全可调/后轮行程250mm

制动系统: (前)Brembo直径320mm双盘制动/Brembo M4.30 Stylema对向四活塞一体式卡钳/ABS

(后)直径255mm单盘制动/Nissin单活塞浮动卡钳/ABS

轮胎规格: (前)90/90-21

(后)150/70 R17

座高: 870mm

整备质量: 230kg

燃油箱容积: 15L

参考售价: 145 900元

凯旋

THRUXTON RS

发动机型式: 水冷/4气门/SOHC/并列双缸

排量: 1 200mL

缸径×冲程: 97.6mm×80mm

压缩比: 12.066∶1

最大功率: 77kW（7 500r/min）

最大扭矩: 112N·m（4 250r/min）

车架型式: 钢管摇篮型

外形尺寸（宽×高）: 745mm×1 030mm

轴距: 1 415mm

悬挂系统: （前）Showa直径43mm倒立式前叉/全可调/行程120mm

（后）ÖHLINS双筒减震器/背负式储液罐/全可调/后轮行程120mm

制动系统: （前）直径310mm双盘制动/Brembo M50四活塞辐射式一体卡钳/直推刹车上泵/ABS

（后）直径220mm单盘式制动/Nissin双活塞浮动卡钳/ABS

轮胎规格: （前）120/70 ZR17

（后）160/60 ZR17

座高: 810mm

净质量: 197kg

燃油箱容积: 14.5L

参考售价: 169 900元

全新 Trident 660

发动机型式: 水冷/4气门/DOHC/并列3缸

排量: 660mL

缸径×冲程: 74mm×51.1mm

压缩比: 11.95∶1

最大功率: 59.6kW（10 250r/min）

最大扭矩: 65N·m（8 000r/min）

车架型式: 钢管型

外形尺寸（宽×高）: 795mm×1 089mm

轴距: 1 401mm

悬挂系统: （前）Showa直径41mm SFF-BP分离功能倒立式前叉/行程120mm

（后）Showa中置减震器/预载可调/后轮行程130mm

制动系统: （前）直径310mm双盘制动/双活塞浮动卡钳/弯道ABS

（后）直径255mm单盘制动/单活塞浮动卡钳/弯道ABS

轮胎规格: （前）120/70 R17

（后）180/55 R17

座高: 805mm

整备质量: 190kg

燃油箱容积: 14L

STREET TRIPLE 765 R

发动机型式: 水冷/4气门/DOHC/并列3缸

排量: 765mL

缸径×冲程: 78mm×53.4mm

压缩比: 13.25:1

最大功率: 88.3kW (11 500r/min)

最大扭矩: 80N·m (9 500r/min)

车架型式: 铝合金双翼梁型

外形尺寸(宽×高): 792mm×1 047mm

轴距: 1 402mm

悬挂系统: (前)Showa直径41mm SFF-BP独立
功能倒立式前叉/全可调/行程115mm
(后)Showa中置减震器/背驮式储液罐/
全可调/后轮行程133.5mm

制动系统: (前)直径310mm双盘制动/Brembo
M4.32一体式四活塞卡钳/弯道ABS
(后)直径220mm单盘制动/Brembo
单活塞卡钳/弯道ABS

轮胎规格: (前)120/70 R17
(后)180/55 R17

座高: 826mm

整备质量: 189kg

燃油箱容积: 15L

参考售价: 97 895元

STREET TRIPLE 765 RS

发动机型式: 水冷/4气门/DOHC/并列3缸

排量: 765mL

缸径×冲程: 78mm×53.4mm

压缩比: 13.25:1

最大功率: 95.6kW (12 000r/min)

最大扭矩: 80N·m (9 500r/min)

车架型式: 铝合金双翼梁型

外形尺寸(宽×高): 792mm×1 064mm

轴距: 1 399mm

悬挂系统: (前)Showa直径41mm BPF倒立式前叉/
全可调/行程115mm
(后)Öhlins STX40中置减震器/背驮式
储液罐/全可调/后轮行程131.2mm

制动系统: (前)直径310mm双盘制动/Brembo
Stylema一体式四活塞卡钳/Brembo
MCS直推上泵/弯道ABS
(后)直径220mm单盘制动/Brembo
单活塞卡钳/弯道ABS

轮胎规格: (前)120/70 R17
(后)180/55 R17

座高: 836mm

整备质量: 188kg

燃油箱容积: 15L

参考售价: 117 895元

凯旋

SPEED TRIPLE 1200 RR

发动机型式: 水冷/4气门/DOHC/并列3缸

排量: 1 160mL

缸径×冲程: 90mm×60.8mm

压缩比: 13.2:1

最大功率: 132.4kW（10 750r/min）

最大扭矩: 125N·m（9 000r/min）

车架型式: 铝合金双翼梁型主车架/铝合金后副车架

外形尺寸（宽×高）: 758mm×1 120mm

轴距: 1 439mm

悬挂系统:（前）Öhlins直径43mm倒立式前叉/
Öhlins S-EC 2.0 OBTi 电子调节压缩
阻尼和回弹阻尼/行程120mm
（后）Öhlins中置减震器/Öhlins S-EC
2.0 OBTi 电子调节压缩阻尼和回弹阻尼/
轮上行程120mm

制动系统:（前）直径320mm双浮动式盘式制动/
Brembo Stylema一体式卡钳/独立储液罐/
直推上泵/弯道ABS
（后）直径220mm盘式制动/Brembo单活塞
卡钳/独立储液罐/后制动主泵/弯道ABS

轮胎规格:（前）120/70 ZR17
（后）190/55 ZR17

座高: 830mm

整备质量: 199kg

燃油箱容积: 15.5L

参考售价: 219 895元

SPEED TRIPLE 1200 RR BREITLING LIMITED EDITION

发动机型式: 水冷/4气门/DOHC/并列3缸

排量: 1 160mL

缸径×冲程: 90mm×60.8mm

压缩比: 13.2:1

最大功率: 132.4kW（10 750r/min）

最大扭矩: 125N·m（9 000r/min）

车架型式: 铝合金双翼梁型主车架/铝合金后副车架

外形尺寸（宽×高）: 758mm×1 120mm

轴距: 1 439mm

悬挂系统:（前）Öhlins直径43mm倒立式前叉/
Öhlins S-EC 2.0 OBTi电子调节压缩
阻尼和回弹阻尼/行程120mm
（后）Öhlins中置减震器/Öhlins S-EC
2.0 OBTi 电子调节压缩阻尼和回弹阻尼/
轮上行程120mm

制动系统:（前）直径320mm双浮动式盘式制动/
Brembo Stylema一体式卡钳/独立储液罐/
直推上泵/弯道ABS
（后）直径220mm盘式制动/Brembo单活塞
卡钳/独立储液罐/后制动主泵/弯道ABS

轮胎规格:（前）120/70 ZR17
（后）190/55 ZR17

座高: 830mm

整备质量: 199kg

燃油箱容积: 15.5L

参考售价: 219 895元

NEW ROCKET 3 STORM R

发动机型式： 水冷/DOHC/并列3缸
排量： 2 458mL
缸径×冲程： 110.2mm×85.9mm
压缩比： 10.8：1
最大功率： 134kW（7 000r/min）
最大扭矩： 225N·m（4 000r/min）
车架型式： 铝合金型
外形尺寸（宽×高）： 920mm×1 125mm
轴距： 1 677mm
悬挂系统：（前）Showa直径47mm倒立式前叉/全
可调/行程120mm
（后）Showa中置减震器/分离式液压预
载调节器/全可调/轮上行程107mm
制动系统：（前）直径320mm双浮动式盘式制动/
Brembo M4.32 Stylema辐射式一体
四活塞卡钳/独立储液罐/直推上泵/弯道ABS
（后）直径300mm盘式制动/Brembo
M4.32一体四活塞卡钳/弯道ABS
轮胎规格：（前）150/80 R17
（后）240/50 R16
座高： 773mm
整备质量： 317kg
燃油箱容积： 18L
参考售价： 225 900元

NEW ROCKET 3 STORM GT

发动机型式： 水冷/DOHC/并列3缸
排量： 2 458mL
缸径×冲程： 110.2mm×85.9mm
压缩比： 10.8：1
最大功率： 134kW（7 000r/min）
最大扭矩： 225N·m（4 000r/min）
车架型式： 铝合金型
外形尺寸（宽×高）： 920mm×1 125mm
轴距： 1 677mm
悬挂系统：（前）Showa直径47mm倒立式前叉/全
可调/行程120mm
（后）Showa中置减震器/分离式液压预
载调节器/全可调/轮上行程107mm
制动系统：（前）直径320mm双浮动式盘式制动/
Brembo M4.32 Stylema辐射式一体
四活塞卡钳/独立储液罐/直推上泵/弯道ABS
（后）直径300mm盘式制动/Brembo
M4.32一体四活塞卡钳/弯道ABS
轮胎规格：（前）150/80 R17
（后）240/50 R16
座高： 773mm
整备质量： 317kg
燃油箱容积： 18L
参考售价： 229 900元

凯旋

NEW DAYTONA 660

发动机型式: 水冷/4气门/DOHC/并列3缸
排量: 660mL
缸径×冲程: 74.04mm×51.1mm
压缩比: 12.05:1
最大功率: 70kW (11 250r/min)
最大扭矩: 69N·m (8 250r/min)
车架型式: 钢管型
外形尺寸 (宽×高): 736mm×1 145.2mm
轴距: 1 425.6mm
悬挂系统: (前) Showa直径41mm SFF-BP分离
功能倒立式前叉/行程110mm
(后) Showa中置减震器/预载可调/后轮
行程130mm
制动系统: (前) 直径310mm双浮动盘式制动/四活塞
卡钳/ABS
(后) 直径220mm固定盘式制动/单活塞
浮动卡钳/ABS
轮胎规格: (前) 120/70 ZR17
(后) 180/55 ZR17
座高: 810mm
整备质量: 201kg
燃油箱容积: 14L
参考售价: 78 900元

TRIDENT 660 TRIPLE TRIBUTE EDITION

发动机型式: 水冷/4气门/DOHC/并列3缸
排量: 660mL
缸径×冲程: 74mm×51.1mm
压缩比: 11.95:1
最大功率: 59.7kW (10 250r/min)
最大扭矩: 65N·m (8 000r/min)
车架型式: 钢管型
外形尺寸 (宽×高): 795mm×1 089mm
轴距: 1 401mm
悬挂系统: (前) Showa直径41mm SFF分离功能
倒立式前叉
(后) Showa中置减震器/预载可调
制动系统: (前) 直径310mm双盘制动/Nissin
双活塞浮动卡钳/ABS
(后) 直径255mm单盘制动/Nissin单活塞
浮动卡钳/ABS
轮胎规格: (前) 120/70 R17
(后) 180/55 R17
座高: 805mm
整备质量: 189kg
燃油箱容积: 14.4L
参考售价: 73 900元

NEW THRUXTON FINAL EDITION

发动机型式: 水冷/4气门/SOHC/并列双缸

排量: 1 200mL

缸径×冲程: 97.6mm×80mm

压缩比: 12.066：1

最大功率: 77kW（7 500r/min）

最大扭矩: 112N·m（4 250r/min）

车架型式: 钢管摇篮型

外形尺寸（宽×高）: 745mm×1 030mm

轴距: 1 415mm

悬挂系统: （前）Showa直径43mm倒立式前叉/全
可调/行程120mm
（后）ÖHLINS双筒减震器/背负式储液罐/
全可调，后轮行程120mm

制动系统: （前）直径310mm双盘制动/Brembo
M50四活塞辐射式一体卡钳/直推刹车
上泵/ABS
（后）直径220mm单盘制动/Nissin双活塞
浮动卡钳/ABS

轮胎规格: （前）120/70 ZR17
（后）160/60 ZR17

座高: 810mm

净质量: 197kg

燃油箱容积: 14.5L

参考售价: 188 900元

T120 BLACK DGR LIMITED EDITION

发动机型式: 水冷/4气门/SOHC/并列双缸

排量: 1 200mL

缸径×冲程: 97.6mm×80mm

压缩比: 10：1

最大功率: 58.8kW（6 550r/min）

最大扭矩: 105N·m（3 500r/min）

车架型式: 钢管摇篮型

外形尺寸（宽×高）: 785mm×1 100mm

轴距: 1 450mm

悬挂系统: （前）直径41mm正立式前叉
（后）双筒减震器/预载可调

制动系统: （前）双直径310mm盘式制动/Brembo
双活塞浮动卡钳/ABS
（后）直径255mm盘式制动/Nissin双活塞
浮动卡钳/ABS

轮胎规格: （前）100/90−18
（后）150/70 R17

座高: 790mm

整备质量: 236kg

燃油箱容积: 14.5L

参考售价: 151 900元

KTM

2025 KTM SX 85 19/16

发动机型式：水冷/单缸/二冲程

排量：84.9mL

缸径×冲程：47mm×48.95mm

车架型式：高强度铬钼钢双摇篮中心管型

轴距：1 282mm

最小离地间隙：333mm

悬挂系统：（前）WP直径43mm XACT AER倒立式
前叉/行程278mm
（后）WP XACT PDS中置减震器/行程
289mm

制动系统：（前）直径240mm盘式制动
（后）直径220mm盘式制动

轮胎规格：（前）70/100-19
（后）90/100-16

座高：871mm

净质量：69kg

燃油箱容积：5.4L

2024 KTM 65 SX

发动机型式：水冷/单缸/二冲程

排量：64.9mL

缸径×冲程：45mm×40.8mm

车架型式：高强度铬钼钢中心管型

轴距：1 142mm

最小离地间隙：259mm

悬挂系统：（前）WP直径35mm USD XACT AER
倒立式前叉/行程215mm
（后）WP XACT中置减震器/行程
253.5mm

制动系统：（前）直径198mm盘式制动
（后）直径180mm盘式制动

轮胎规格：（前）70/100-19
（后）90/100-16

座高：730mm

净质量：53.5kg

燃油箱容积：4.5L

2025 KTM 300 EXC HARDENDURO

发动机型式：水冷/单缸/二冲程

排量：293.15mL

缸径×冲程：72mm×72mm

车架型式：铬钼钢中央双管环抱型

轴距：1 489mm

最小离地间隙：347mm

悬挂系统：（前）WP直径48mmXACT–USD倒立式
前叉/全可调/行程300mm
（后）WP XPLOR PDS中置减震器/
全可调

制动系统：（前）直径260mm盘式制动
（后）直径220mm盘式制动

轮胎规格：（前）90/90 –21
（后）140/80–18

座高：963mm

净质量：106.1kg

燃油箱容积：9L

2025 KTM 450 EXC-F SIX DAYS

发动机型式：水冷/单缸

排量：449.9mL

缸径×冲程：95mm×63.4mm

车架型式：铬钼钢中央双管环抱型

轴距：1 489mm

最小离地间隙：347mm

悬挂系统：（前）WP直径48mm XACT–USD倒立式
前叉/全可调/行程300mm
（后）WP XPLOR PDS中置减震器/
全可调

制动系统：（前）直径260mm盘式制动
（后）直径220mm盘式制动

轮胎规格：（前）90/90 –21
（后）140/80–18

座高：963mm

净质量：107.7kg

燃油箱容积：8.5L

2025 KTM 350 EXC-F SIX DAYS

发动机型式：水冷/单缸

排量：349.7mL

缸径×冲程：88mm×57.5mm

车架型式：铬钼钢中央双管环抱型

轴距：1 489mm

最小离地间隙：347mm

悬挂系统：（前）WP直径48mm XACT–USD倒立式
前叉/全可调/行程300mm
（后）WP XPLOR PDS中置减震器/
全可调

制动系统：（前）直径260mm盘式制动
（后）直径220mm盘式制动

轮胎规格：（前）90/90 –21
（后）140/80–18

座高：963mm

净质量：107.3kg

燃油箱容积：8.5L

KTM

2025 KTM 790 Adventure R

发动机型式: 水冷/4气门/DOHC/并列双缸

排量: 799mL

缸径×冲程: 88mm×65.7mm

压缩比: 12.5:1

最大功率: 70kW

最大扭矩: 87N·m

车架型式: 铬钼钢编织型

轴距: 1 528mm

最小离地间隙: 263mm

悬挂系统: (前)WP直径48mm XPLOR-USD倒立式前叉/行程240mm
(后)WP XPLOR中置减震器/行程240mm

制动系统: (前)直径320mm双盘制动/对向四活塞辐射式卡钳/Bosch 9.3 ABS(弯道ABS和非铺装模式)
(后)直径260mm单盘制动/Bosch 9.3 ABS(弯道ABS和非铺装模式)

座高: 880mm

净质量: 203kg

燃油箱容积: 20L

KTM 390 Adventure 低座版

发动机型式: 水冷/4气门/DOHC/单缸

排量: 373mL

缸径×冲程: 89mm×60mm

压缩比: 12.6:1

最大功率: 32kW

最大扭矩: 37N·m

车架型式: 钢管编织型

轴距: 1 430mm

最小离地间隙: 160mm

悬挂系统: (前)WP直径43mmAPEX倒立式前叉/压缩、回弹阻尼可调/行程170mm
(后)WP中置减震器/行程177mm

制动系统: (前)BYBRE直径320mm盘式制动/对向四活塞辐射式卡钳/Bosch 9.1 ABS(弯道ABS和非铺装模式)
(后)直径230mm盘式制动/Bosch 9.1 ABS(弯道ABS和非铺装模式)

轮胎规格: (前)100/90-19
(后)130/80-17

座高: 830mm

净质量: 158kg

燃油箱容积: 14.5L

参考售价: 53 800元

KTM 890 ADVENTURE R

发动机型式: 水冷/4气门/DOHC/并列双缸

排量: 889mL

缸径×冲程: 88mm×65.7mm

最大功率: 77kW

最大扭矩: 100N·m

车架型式: 铬钼钢编织型

轴距: 1 528mm

最小离地间隙: 263mm

悬挂系统:（前）WP直径48mm XPLOR-USD倒立式
前叉/行程240mm
（后）WP XPLOR PDS中置减震器/行程
240mm

制动系统:（前）直径320mm双盘制动/对向四活塞
辐射式卡钳/ABS（弯道ABS和非铺装
模式）
（后）直径260mm单盘制动/ABS（弯道
ABS和非铺装模式）

座高: 880mm

净质量: 200kg

燃油箱容积: 20L

KTM 1290 SUPER ADVENTURE R

发动机型式: 水冷/4气门/DOHC/75° V型双缸

排量: 1 301mL

缸径×冲程: 108mm×71mm

压缩比: 13.1∶1

最大功率: 118kW

最大扭矩: 138N·m

车架型式: 铬钼钢编织型

轴距: 1 577mm

最小离地间隙: 242mm

悬挂系统:（前）WP直径48mm XPLOR-USD倒立式
前叉/全可调/行程220mm
（后）WP XPLOR PDS中置减震器/
全可调/行程220mm

制动系统:（前）直径320mm双盘制动/Brembo
对向四活塞辐射式卡钳/Bosch 9M+ ABS
（弯道ABS和非铺装模式）
（后）直径267mm单盘制动/Bosch 9M+
ABS（弯道ABS和非铺装模式）

座高: 880mm

净质量: 228kg

燃油箱容积: 23L

KTM

KTM 1290 Super Duke GT

发动机型式：水冷/4气门/DOHC/75°V型双缸

排量：1 301mL

缸径×冲程：108mm×71mm

压缩比：13.6∶1

最大功率：128.7kW

最大扭矩：141N·m

车架型式：铬钼钢编织型

轴距：1 482mm

最小离地间隙：141mm

悬挂系统：（前）WP直径48mm USD电子半主动
　　　　　倒立式前叉/行程125mm
　　　　　（后）WP SAT（semi-active technology）
　　　　　中置减震器/行程156mm

制动系统：（前）直径320mm双盘制动/Brembo
　　　　　对向四活塞辐射式卡钳/Bosch 9ME ABS
　　　　　（弯道ABS和滑胎模式）
　　　　　（后）直径240mm单盘制动/双活塞卡钳/
　　　　　Bosch 9ME ABS（弯道ABS和滑胎模式）

座高：835mm

净质量：209kg

燃油箱容积：23L

2023 KTM 1290 SUPER DUKE RR

发动机型式：水冷/4气门/DOHC/75°V型双缸

排量：1 301mL

缸径×冲程：108mm×71mm

压缩比：13.5∶1

最大功率：132kW

最大扭矩：140N·m

车架型式：铬钼钢编织型

轴距：1 492mm

悬挂系统：（前）WP APEX PRO 7548倒立式前叉/
　　　　　行程130mm
　　　　　（后）WP APEX PRO 7746中置减震器/
　　　　　行程140mm

制动系统：（前）直径320mm双盘制动/Brembo
　　　　　Stylema对向四活塞辐射式卡钳/Bosch
　　　　　9.1MP ABS（弯道ABS和滑胎模式）
　　　　　（后）直径240mm单盘制动/双活塞卡钳/
　　　　　Bosch 9.1MP ABS（弯道ABS和滑胎
　　　　　模式）

座高：837mm/847mm

净质量：180kg

燃油箱容积：16L

KTM 890 ADVENTURE R

发动机型式: 水冷/4气门/DOHC/并列双缸

排量: 889mL

缸径×冲程: 90.7mm×68.8mm

压缩比: 13.5:1

最大功率: 89kW

最大扭矩: 99N·m

车架型式: 铬钼钢编织型

轴距: 1 482mm

最小离地间隙: 206mm

悬挂系统: (前)WP直径43mm APEX倒立式前叉/
行程140mm
(后)WP APEX中置减震器/行程150mm

制动系统: (前)直径320mm双盘制动/Brembo
Stylema对向四活塞辐射式卡钳/Bosch
9.1 MP ABS(弯道ABS和滑胎模式)
(后)Brembo直径240mm单盘制动/
单活塞浮动式卡钳/Bosch 9.1 MP ABS
(弯道ABS和滑胎模式)

座高: 834mm

净质量: 166kg

燃油箱容积: 14L

2024 KTM 390 DUKE

发动机型式: 水冷/4气门/DOHC/单缸

排量: 398.7mL

缸径×冲程: 89mm×64mm

最大功率: 33kW

最大扭矩: 39N·m

车架型式: 钢管编织型

轴距: 1 357mm

悬挂系统: (前)WP直径43mmAPEX倒立式前叉/
压缩、回弹阻尼可调/行程150mm
(后)WP APEX中置减震器/预载、回弹
阻尼可调/行程150mm

制动系统: (前)直径320mm盘式制动/BYBRE对向
四活塞辐射式卡钳/Bosch 9.3 MP ABS
(弯道ABS和滑胎模式)
(后)直径240mm盘式制动/双活塞卡钳/
Bosch 9.3 MP ABS(弯道ABS和滑胎
模式)

座高: 820mm

净质量: 165kg

KTM

250 Duke

发动机型式: 水冷/4气门/DOHC/单缸

排量: 249mL

最大功率: 22kW

最大扭矩: 24N·m

车架型式: 钢管编织型

轴距: 1 357mm

悬挂系统:（前）WP直径43mmAPEX倒立式前叉/
行程142mm
（后）WP APEX中置减震器/预载可调/
行程150mm

制动系统:（前）直径300mm盘式制动/BYBRE对
向四活塞辐射式卡钳/Bosch 9.1 MB ABS
（后）直径230mm盘式制动/Bosch 9.1
MB ABS

座高: 830mm

净质量: 146kg

燃油箱容积: 13.4L

2022 KTM RC 390

发动机型式: 水冷/4气门/DOHC/单缸

排量: 373mL

缸径×冲程: 89mm×60mm

压缩比: 12.6:1

最大功率: 32kW

最大扭矩: 37N·m

车架型式: 钢管编织型

轴距: 1 343mm

离地间隙: 158mm

悬挂系统:（前）WP直径43mmAPEX倒立式前叉/
压缩、回弹阻尼可调/行程120mm
（后）WP APEX中置减震器/预载、回弹
阻尼可调/行程150mm

制动系统:（前）直径320mm盘式制动/BYBRE对向
四活塞辐射式卡钳/Bosch 9.1MP ABS
（滑胎模式）
（后）直径230mm盘式制动/单活塞卡钳/
Bosch 9.1MP ABS（滑胎模式）

座高: 824mm

净质量: 158kg

燃油箱容积: 13.7L

BRABUS 1300 R Masterpiece Edition

发动机型式: 水冷/4气门/DOHC/75° V型双缸

排量: 1 301mL

缸径×冲程: 108mm×71mm

压缩比: 13.5:1

最大功率: 132kW

最大扭矩: 140N·m

车架型式: 铬钼钢编织型

轴距: 1 497mm

悬挂系统:（前）WP直径48mm USD电子半主动倒
立式前叉/行程125mm
（后）WP SAT（semi-active technology）
中置减震器/行程140mm

制动系统:（前）直径320mm双盘制动/Brembo
Stylema对向四活塞辐射式卡钳/Bosch

9.1MP ABS（弯道ABS和滑胎模式）
（后）Brembo直径240mm单盘制动/
双活塞卡钳/Bosch 9.1MP ABS（弯道
ABS和滑胎模式）

座高: 845mm

净质量: 194kg

燃油箱容积: 16L

V-STROM 1050XT

发动机型式: 水冷/4气门/DOHC/90° V型双缸

排量: 1 037mL

缸径×冲程: 100mm×66mm

压缩比: 11.5:1

最大功率: 79kW (8 500r/min)

车架型式: 铝合金双翼梁型

外形尺寸(长×宽×高): 2 265mm×940mm×
1 510mm

轴距: 1 555mm

最小离地间隙: 160mm

悬挂系统: (前)KYB直径43mm倒立式前叉/全可调
(后)中置减震器/预载可调/多连杆

制动系统: (前)双盘制动/ABS
(后)单盘制动/ABS

轮胎规格: (前)110/80 R19
(后)150/70 R17

座高: 850mm

整备质量: 247kg

燃油箱容积: 20L

参考售价: 164 800元

V-STROM 800DE

发动机型式: 水冷/4气门/DOHC/并列双缸

排量: 776mL

缸径×冲程: 84mm×70mm

压缩比: 12.8:1

车架型式: 钢管型

外形尺寸(长×宽×高): 2 345mm×975mm×
1 310mm

轴距: 1 570mm

最小离地间隙: 220mm

悬挂系统: (前)倒立式前叉
(后)中置减震器

制动系统: (前)双盘制动/ABS
(后)单盘制动/ABS

轮胎规格: (前)90/90-21
(后)150/70 R17

座高: 855mm

整备质量: 230kg

燃油箱容积: 20L

参考售价: 119 800元

铃木

GSX-8S

发动机型式: 水冷/4气门/DOHC/并列双缸

排量: 776mL

缸径×冲程: 84mm×70mm

压缩比: 12.8:1

车架型式: 钢管型

外形尺寸(长×宽×高): 2 115mm×775mm×
1 105mm

轴距: 1 465mm

最小离地间隙: 145mm

悬挂系统: (前)KYB倒立式前叉/行程130mm
(后)KYB中置减震器/预载可调/多连杆

制动系统: (前)双盘制动/ABS
(后)单盘制动/ABS

轮胎规格: (前)120/70 ZR17
(后)180/55 ZR17

座高: 810mm

整备质量: 202kg

燃油箱容积: 14L

参考售价: 99 800元

SV650X

发动机型式: 水冷/4气门/DOHC/90° V型双缸

排量: 645mL

缸径×冲程: 81mm×62.6mm

压缩比: 11.2:1

车架型式: 钢管型

外形尺寸(长×宽×高): 2 140mm×730mm×
1 090mm

轴距: 1 445mm

最小离地间隙: 135mm

悬挂系统: (前)正立式前叉/预载可调
(后)中置减震器/预载可调/多连杆

制动系统: (前)双盘制动/ABS
(后)单盘制动/ABS

轮胎规格: (前)120/70 ZR17
(后)160/60 ZR17

座高: 790mm

整备质量: 200kg

燃油箱容积: 14.5L

参考售价: 92 800元

V100 Mandello

发动机型式: 水冷/4气门/横置90° V型双缸

排量: 1 042mL

缸径×冲程: 96mm×72mm

压缩比: 12.6 : 1

最大功率: 70kW(6 800r/min)

最大扭矩: 100N·m(6 800r/min)

车架型式: 钢管型

轴距: 1 457mm

悬挂系统: (前)直径41mm倒立式前叉/预载、回弹阻尼可调
(后)中置减震器/预载、回弹阻尼可调

制动系统: (前)直径320mm双浮动盘式制动/Brembo辐射式对向四活塞卡钳/弯道ABS
(后)直径280mm盘式制动/Brembo双活塞卡钳/弯道ABS

轮胎规格: (前)120/70 R17
(后)190/55 R17

座高: 815mm

整备质量: 233kg

燃油箱容积: 17L

参考售价: 148 800元

V100 Mandello 海军航空限量版

发动机型式: 水冷/4气门/横置90° V型双缸

排量: 1 042mL

缸径×冲程: 96mm×72mm

压缩比: 12.6 : 1

最大功率: 70kW(6 800r/min)

最大扭矩: 100N·m(6 800r/min)

车架型式: 钢管型

轴距: 1 457mm

悬挂系统: (前)直径41mm倒立式前叉/预载、回弹阻尼可调
(后)中置减震器/预载、回弹阻尼可调

制动系统: (前)直径320mm双浮动盘式制动/Brembo辐射式对向四活塞卡钳/弯道ABS
(后)直径280mm盘式制动/Brembo双活塞卡钳/弯道ABS

轮胎规格: (前)120/70 R17
(后)190/55 R17

座高: 815mm

整备质量: 233kg

燃油箱容积: 17L

参考售价: 154 900元

V9 Bobber 百年纪念版 850

发动机型式: 风冷/横置90°V型双缸
排量: 853mL
最大功率: 70kW(6 800r/min)
最大扭矩: 100N·m(6 800r/min)
车架型式: 钢管型
悬挂系统: (前)直径40mm正立式前叉
　　　　　　(后)双减震器/预载可调
制动系统: (前)直径320mm浮动盘式制动/Brembo
　　　　　　对向四活塞卡钳/ABS
　　　　　　(后)直径260mm盘式制动/双活塞卡钳/
　　　　　　ABS
轮胎规格: (前)130/90-16
　　　　　　(后)150/80-16

座高: 785mm
整备质量: 210kg
燃油箱容积: 15L
参考售价: 112 900元

V85 TT Evocative Graphics 850（双色版）

发动机型式: 风冷/2气门/横置90°V型双缸
排量: 853mL
缸径×冲程: 84mm×77mm
压缩比: 10.5:1
最大功率: 56kW(7 500r/min)
最大扭矩: 82N·m(5 000r/min)
车架型式: 钢管型
外形尺寸(长×宽): 2 240mm×950mm
轴距: 1 530mm
悬挂系统: (前)直径41mm倒立式前叉/预载、回弹
　　　　　　阻尼可调
　　　　　　(后)侧置减震器/预载、回弹阻尼可调

制动系统: (前)直径320mm双浮动盘式制动/
Brembo辐射式对向四活塞卡钳/ABS
(后)直径260mm盘式制动/双活塞卡钳/
ABS

轮胎规格: (前)110/80 R19
　　　　　　(后)150/70 R17
座高: 830mm
整备质量: 230kg
燃油箱容积: 23L
参考售价: 128 800元

V7 SPECIAL

发动机型式: 风冷/2气门/横置90°V型双缸
排量: 853mL
缸径×冲程: 84mm×77mm
压缩比: 10.5:1
最大功率: 56kW(7 500r/min)
最大扭矩: 82N·m(5 000r/min)
车架型式: 钢管型
轴距: 1 450mm
最小离地间隙: 157mm
悬挂系统: (前)正立式前叉/行程130mm
　　　　　　(后)双减震器/行程120mm
制动系统: (前)直径320mm浮动盘式制动/

Brembo对向四活塞卡钳/ABS
(后)直径260mm盘式制动/双活塞浮动
卡钳/ABS
轮胎规格: (前)100/90-18
　　　　　　(后)150/70-17
整备质量: 223kg
燃油箱容积: 21L
参考售价: 128 800元

F3 Competizione

发动机型式: 水冷/4气门/DOHC/并列三缸

排量: 798mL

缸径×冲程: 79mm×54.3mm

压缩比: 13.3∶1

最大功率: 108kW(13 000r/min)

最大扭矩: 88N·m(10 100r/min)

车架型式: 钢管型

外形尺寸(长×宽×高): 2 030mm×730mm× 830mm

轴距: 1 380mm

悬挂系统: (前)Öhlins直径43mm Nix 30倒立式前 叉/全可调/行程120mm

(后)Öhlins TTX GP 36中置减震器/ 全可调/行程130mm

制动系统: (前)直径320mm双浮动盘式制动/ Brembo Stylema对向四活塞一体式 卡钳/Continental MK100 ABS(防翘 头和弯道ABS)

(后)直径220mm盘式制动/Brembo 双活塞卡钳/Continental MK100 ABS (防翘头和弯道ABS)

轮胎规格: (前)120/70 ZR17

(后)180/55 ZR 17

座高: 830mm

净质量: 178kg

整备质量: 185kg

燃油箱容积: 16.5L

ENDURO vELOCE

发动机型式: 水冷/4气门/DOHC/并列三缸

排量: 931mL

缸径×冲程: 81mm×60.2mm

压缩比: 13.4∶1

最大功率: 91kW(10 000r/min)

最大扭矩: 102N·m(7 000r/min)

车架型式: 钢管型

外形尺寸(长×宽×高): 2 360mm×980mm×mm

轴距: 1 610mm

最小离地间隙: 230mm

悬挂系统: (前)Sachs直径48mm Nix 30倒立式前 叉/全可调/行程210mm

(后)Sachs中置减震器/全可调/多连杆/ 行程210mm

制动系统: (前)直径320mm双浮动盘式制动/ Brembo Stylema辐射式对向四活塞 一体卡钳/Continental MK100 ABS(防 翘头和弯道ABS)

(后)直径265mm盘式制动/Brembo 双活塞卡钳/Continental MK100 ABS (防翘头和弯道ABS)

轮胎规格: (前)90/90-21

(后)150/70 R18

座高: 850/870mm

净质量: 224kg

燃油箱容积: 20L

庞巴迪

SPYDER F3 领航版拉丁橙

发动机型式: 水冷/并列三缸

缸径×冲程: 84mm×80mm

最大功率: 85.8kW(7 250r/min)

最大扭矩: 130.1N·m(5 000r/min)

外形尺寸(长×宽×高): 2 820mm×1 497mm×
1 241mm

轴距: 1 709mm

最小离地间隙: 115mm

悬挂系统: (前)SACHS Big-Bore前叉/带防倾杆的
双A臂结构/行程129.54mm
(后)SACHS中置减震器/自动预载调节/
行程132mm

制动系统: (前)直径270mm双盘式制动/Brembo
四活塞卡钳/ABS
(后)直径270mm盘式制动/单活塞卡钳/
ABS

轮胎规格: (前)165/55 R15
(后)225/50 R15

座高: 675mm

整备质量: 448kg

燃油箱容积: 27L

参考售价: 416 800元

SPYDER F3 风尚版

发动机型式: 水冷/并列三缸

缸径×冲程: 84mm×80mm

最大功率: 85.8kW(7 250r/min)

最大扭矩: 130.1N·m(5 000r/min)

外形尺寸(长×宽×高): 2 596mm×1 497mm×
1 241mm

轴距: 1 709mm

最小离地间隙: 115mm

悬挂系统: (前)SACHS Big-Bore前叉/带防倾杆的
双A臂结构/行程129.54mm
(后)SACHS中置减震器/预载可调/行程
132mm

制动系统: (前)直径270mm双盘式制动/Brembo
四活塞卡钳/ABS
(后)直径270mm盘式制动/单活塞卡钳/
ABS

轮胎规格: (前)165/55 R15
(后)225/50 R15

座高: 675mm

整备质量: 430kg

燃油箱容积: 27L

参考售价: 319 800元

Modchina| 中国瓷系列 GP150（洛阳限量版）

　　Modchina|中国瓷系列将RA特有的复古气质和铁壳车身结构相结合，并融入中国文化元素，使其成为一台移动的国风艺术品。设计灵感源自穿越千年，依旧散发着独特魅力的中国传统纹饰。其中的中国瓷（洛阳限量版）由中国国家级国画师、洛阳博物馆前馆长王绣大师团队设计，灵感来源于现藏于洛阳博物馆的一件国宝——唐代三彩飞雁莲花纹三足盘。该盘釉色饱满艳丽，纹饰精美传神，盛唐气象扑面而来，是中国传统文化的典型体现。未来，Modchina将承载着辉煌灿烂的中国文化，驰骋全球的每一条街道。

发动机型式: 水冷/4气门/单缸

排量: 149mL

缸径×冲程: 59mm×54.8mm

压缩比: 11：1

最大功率: 9.8kW（8 500r/min）

最大扭矩: 12N·m（6 500r/min）

车架型式: 钢管型

外形尺寸（长×宽×高）: 1 845mm×670mm×1 115mm

轴距: 1 390mm

最小离地间隙: 160mm

悬挂系统: （前）正立式前叉/预载可调
（后）双减震器/预载4挡可调

制动系统: （前）直径220mm盘式制动/博世ABS
（后）直径220mm盘式制动/博世ABS

轮胎规格: （前）110/70-12
（后）120/70-12

座高: 780mm

净质量: 122kg

燃油箱容积: 10L

参考售价: 33 800元

Royal Alloy

发动机型式: 水冷/4气门/单缸
排量: 278mL
压缩比: 11:1
最大功率: 18.5kW（8 250r/min）
最大扭矩: 24.5 N·m（6 250r/min）
车架型式: 钢管型
外形尺寸（长×宽×高）: 1 845mm×670mm×
 1 150mm
轴距: 1 390mm
最小离地间隙: 120mm
悬挂系统: （前）正立式前叉/预载可调
 （后）双减震器/预载4挡可调
制动系统: （前）直径220mm盘式制动/博世ABS
 （后）直径220mm盘式制动/博世ABS
轮胎规格: （前）110/70-12
 （后）120/70-12
座高: 750mm
整备质量: 142kg
燃油箱容积: 9L
参考售价: 38 800元

摩登玩具系列 GP150

发动机型式: 水冷/4气门/单缸
排量: 149mL
缸径×冲程: 59mm×54.8mm
压缩比: 11:1
最大功率: 9.8kW（8 500r/min）
最大扭矩: 12N·m（6 500r/min）
车架型式: 钢管型
外形尺寸（长×宽×高）: 1 845mm×670mm×
 1 115mm
轴距: 1 390mm
最小离地间隙: 145mm
悬挂系统: （前）正立式前叉/预载可调
 （后）双减震器/预载4挡可调
制动系统: （前）直径220mm盘式制动/博世ABS
 （后）直径220mm盘式制动/博世ABS
轮胎规格: （前）110/70-12
 （后）120/70-12
座高: 750mm
净质量: 122kg
燃油箱容积: 9L
参考售价: 27 800元

TG300SP

发动机型式: 水冷/4气门/单缸

排量: 278mL

压缩比: 11:1

最大功率: 18.5kW (8 250r/min)

最大扭矩: 24.5 N·m (6 250r/min)

车架型式: 钢管型

外形尺寸 (长×宽×高): 1 845mm×670mm× 1 150mm

轴距: 1 390mm

最小离地间隙: 130mm

悬挂系统: (前) 正立式前叉/预载可调
(后) 双减震器/预载4挡可调

制动系统: (前) 直径220mm盘式制动/博世ABS
(后) 直径220mm盘式制动/博世ABS

轮胎规格: (前) 110/70-12
(后) 120/70-12

座高: 770mm

整备质量: 152kg

燃油箱容积: 10L

参考售价: 39 800元

TG150

发动机型式: 水冷/4气门/单缸

排量: 149mL

缸径×冲程: 59mm×54.8mm

压缩比: 11:1

最大功率: 9.8kW (8 500r/min)

最大扭矩: 12N·m (6 500r/min)

车架型式: 钢管型

外形尺寸 (长×宽×高): 1 845mm×670mm× 1 150mm

轴距: 1 390mm

最小离地间隙: 135mm

悬挂系统: (前) 正立式前叉/预载可调
(后) 双减震器/预载4挡可调

制动系统: (前) 直径220mm盘式制动/博世ABS
(后) 直径220mm盘式制动/博世ABS

轮胎规格: (前) 110/70-12
(后) 120/70-12

座高: 770mm

净质量: 152kg

燃油箱容积: 10L

参考售价: 28 800元

Royal Alloy

RA sidecar 三轮车 TG250

发动机型式: 水冷/4气门/单缸

排量: 244mL

缸径×冲程: 72mm×60mm

压缩比: 11:1

最大功率: 18kW (8 500r/min)

最大扭矩: 22.5N·m (6 500r/min)

车架型式: 钢管型

外形尺寸 (长×宽×高): 1 845mm×1 560mm× 1 100mm

轴距: 1 390mm

最小离地间隙: 130mm

悬挂系统: (前) 正立式前叉/预载可调
(后) 双减震器/预载4挡可调

制动系统: (前) 直径220mm盘式制动/博世ABS
(后) 直径220mm盘式制动/博世ABS

轮胎规格: (前) 110/70-12
(后) 120/70-12
(边) 120/70-12

座高: 750mm

整备质量: 238kg

燃油箱容积: 10L

参考售价: 36 800元

RA sidecar 三轮车 GP250

发动机型式: 水冷/4气门/单缸

排量: 244mL

缸径×冲程: 72mm×60mm

压缩比: 11:1

最大功率: 18kW (8 500r/min)

最大扭矩: 22.5N·m (6 500r/min)

车架型式: 钢管型

外形尺寸 (长×宽×高): 1 845mm×1 560mm× 1 110mm

轴距: 1 390mm

最小离地间隙: 120mm

悬挂系统: (前) 正立式前叉/预载可调
(后) 双减震器/预载4挡可调

制动系统: (前) 直径220mm盘式制动/博世ABS
(后) 直径220mm盘式制动/博世ABS

轮胎规格: (前) 110/70-12
(后) 120/70-12
(边) 120/70-12

座高: 750mm

整备质量: 238kg

燃油箱容积: 9L

参考售价: 35 800元

GP150 "TV175 纪念款"

发动机型式: 水冷/4气门/单缸

排量: 149mL

缸径×冲程: 59mm×54.8mm

压缩比: 11:1

最大功率: 9.8kW (8 500r/min)

最大扭矩: 12N·m (6 500r/min)

车架型式: 钢管型

外形尺寸 (长×宽×高): 1 845mm×670mm× 1 115mm

轴距: 1 390mm

最小离地间隙: 160mm

悬挂系统: (前) 正立式前叉/预载可调

(后) 双减震器/预载4挡可调

制动系统: (前) 直径220mm盘式制动/博世ABS
(后) 直径220mm盘式制动/博世ABS

轮胎规格: (前) 110/70-12
(后) 120/70-12

座高: 780mm

净质量: 122kg

燃油箱容积: 10L

参考售价: 27 800元

探险版

发动机型式：水冷/2气门/OHV/水平对置双缸

排量：749mL

缸径×冲程：78mm×78mm

压缩比：10.5∶1

最大功率：30.6kW（5 500r/min）

最大扭矩：42N·m（4 300r/min）

外形尺寸（长×宽×高）：2 480mm×1 700mm×1 100mm

轴距：1 500mm

最小离地间隙：172mm

悬挂系统：（前）IMZ双筒减震器/带氮气瓶
（后）Sachs双减震器/7段可调

（边）Sachs单减震器/七段可调

制动系统：（前）NG直径295mm浮动盘式制动/Brembo四活塞卡钳/ABS
（后）NG直径265mm浮动盘式制动/Brembo双活塞卡钳+独立机械驻车制动卡钳/ABS
（边）NG直径245mm浮动盘式制动/Brembo双活塞卡钳

轮胎规格：（前）4.00x19
（后）4.00x19
（边）4.00x19

座高：812mm

净质量：352kg

燃油箱容积：21L

撒哈拉

发动机型式：水冷/2气门/OHV/水平对置双缸

排量：749mL

缸径×冲程：78mm×78mm

压缩比：10.5∶1

最大功率：30.6kW（5 500r/min）

最大扭矩：42N·m（4 300r/min）

外形尺寸（长×宽×高）：2 480mm×1 700mm×1 100mm

轴距：1 500mm

悬挂系统：（前）IMZ双筒减震器/带氮气瓶
（后）Sachs双减震器/7段可调
（边）Sachs单减震器/7段可调

制动系统：（前）NG直径295mm浮动盘式制动/Brembo四活塞卡钳/ABS
（后）NG直径265mm浮动盘式制动/Brembo双活塞卡钳+独立机械驻车制动卡钳/ABS
（边）NG直径245mm浮动盘式制动/Brembo双活塞卡钳/ABS

轮胎规格：（前）4.00x19
（后）4.00x19
（边）4.00x19

净质量：352kg

燃油箱容积：21L

红雀

发动机型式：水冷/2气门/OHV/水平对置双缸

排量：749mL

缸径×冲程：78mm×78mm

压缩比：10.5∶1

最大功率：30.6kW（5 500r/min）

最大扭矩：42N·m（4 300r/min）

外形尺寸（长×宽×高）：2 480mm×1 700mm×1 100mm

轴距：1 500mm

悬挂系统：（前）IMZ双筒减震器/带氮气瓶
（后）Sachs双减震器/7段可调
（边）Sachs单减震器/7段可调

制动系统：（前）NG直径295mm浮动盘式制动/Brembo四活塞卡钳/ABS
（后）NG直径265mm盘式制动/Brembo双活塞卡钳+独立机械驻车制动卡钳/ABS
（边）NG直径245mm浮动盘式制动/Brembo双活塞卡钳

轮胎规格：（前）4.00x19
（后）4.00x19
（边）4.00x19

净质量：352kg

燃油箱容积：21L

VESPA

GTS 300

发动机型式: 水冷/4气门/单缸
排量: 278mL
缸径×冲程: 75mm×63mm
最大功率: 17.5kW（8 250r/min）
最大扭矩: 26N·m（5 250r/min）
车架型式: 钢制一体型
外形尺寸（长×宽）: 1 980mm×795mm
轴距: 1 380mm
悬挂系统: （前）单摇臂单减震器
（后）单减震器/预载可调
制动系统: （前）直径220mm盘式制动/ABS
（后）直径220mm盘式制动/ABS
轮胎规格: （前）120/70-12
（后）130/70-12
座高: 790mm
燃油箱容积: 8.5（±0.5）L
参考售价: 54 000元

PRIMAVERA 150 中国红特别版

发动机型式: 风冷/3气门/单缸
排量: 155mL
缸径×冲程: 58mm×58.6mm
最大功率: 9.2kW（7 750r/min）
最大扭矩: 12.4N·m（6 750r/min）
车架型式: 钢制一体型
轴距: 1 340mm
悬挂系统: （前）单摇臂单减震器
（后）单减震器/4段预载可调
制动系统: （前）盘式制动/ABS
（后）鼓式制动
轮胎规格: （前）110/70-12
（后）120/70-12
座高: 790mm
燃油箱容积: 8L
参考售价: 37 000元

GTS SUPER TECH 300

发动机型式: 水冷/4气门/单缸

排量: 278mL

缸径×冲程: 75mm×63mm

最大功率: 17.5kW(8 250r/min)

最大扭矩: 26N·m(5 250r/min)

车架型式: 钢制一体型

外形尺寸(长×宽): 1 980mm×795mm

轴距: 1 380mm

悬挂系统: (前)单摇臂单减震器
(后)单减震器/预载可调

制动系统: (前)直径220mm盘式制动/ABS
(后)直径220mm盘式制动/ABS

轮胎规格: (前)120/70-12
(后)130/70-12

座高: 790mm

燃油箱容积: 8.5(±0.5)L

参考售价: 58 800元

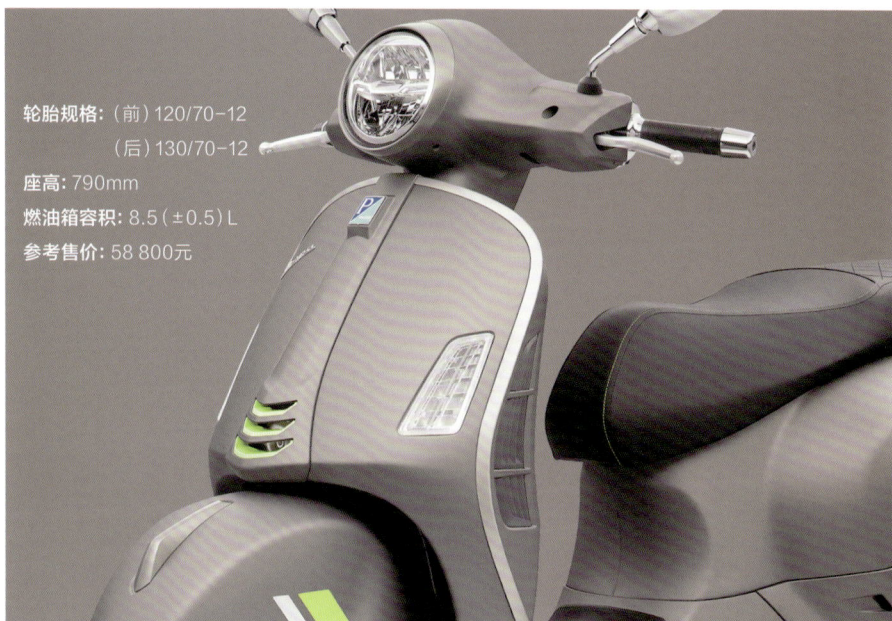

GTV 300

发动机型式: 水冷/4气门/单缸

排量: 278mL

缸径×冲程: 75mm×63mm

最大功率: 17.5kW(8 250r/min)

最大扭矩: 26N·m(5 250r/min)

车架型式: 钢制一体型

外形尺寸(长×宽): 1 975mm×775mm

轴距: 1 375mm

悬挂系统: (前)单摇臂单减震器
(后)单减震器/预载可调

制动系统: (前)直径220mm盘式制动/ABS
(后)直径220mm盘式制动/ABS

轮胎规格: (前)120/70-12
(后)130/70-12

燃油箱容积: 8.5(±0.5)L

参考售价: 58 800元

Vespa 946 Dragon 150

发动机型式: 风冷/3气门/单缸

排量: 155mL

缸径×冲程: 58mm×58.6mm

最大功率: 9.2kW(7 750r/min)

最大扭矩: 12.4N·m(6 750r/min)

车架型式: 钢制一体型

外形尺寸(长×宽): 1 965mm×730mm

轴距: 1 405mm

悬挂系统: (前)单摇臂单减震器
(后)单减震器/预载可调

制动系统: (前)盘式制动/ABS
(后)鼓式制动

轮胎规格: (前)120/70-12
(后)130/70-12

燃油箱容积: 8(±0.5)L

参考售价: 148 000元

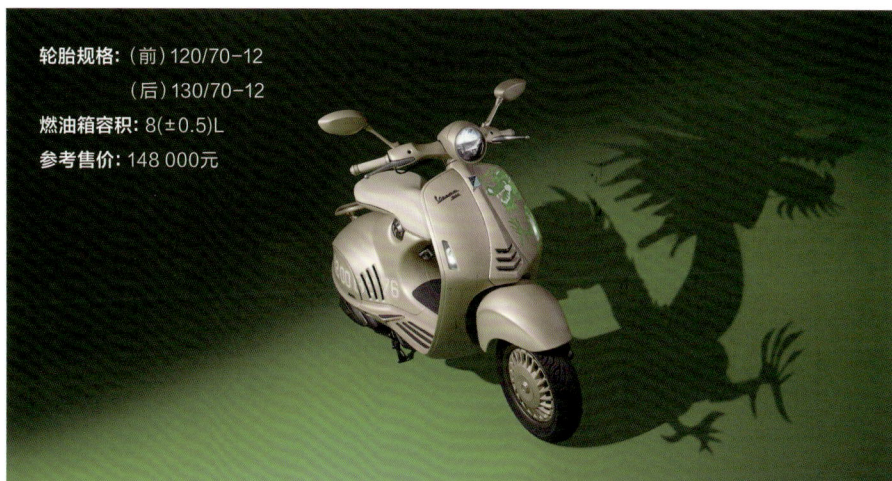

雅马哈

R1M

发动机型式: 水冷/4气门/DOHC /并列四缸

排量: 998mL

缸径×冲程: 79mm×50.9mm

压缩比: 13:1

最大功率: 147.1kW (13 500r/min)

最大扭矩: 113.3N·m (11 500r/min)

车架型式: 铝合金Deltabox型

外形尺寸(长×宽×高): 2 055mm×690mm× 1 165mm

轴距: 1 405mm

最小离地间隙: 130mm

悬挂系统: (前)倒立式前叉

(后)Ohlins中置电子减震器/多连杆

制动系统: (前)双盘制动

(后)单盘制动

轮胎规格: (前)120/70 ZR17

(后)200/55 ZR17

座高: 860mm

整备质量: 202kg

燃油箱容积: 17L

参考售价: 299 800元

MT-10SP

发动机型式: 水冷/并列四缸/DOHC/4气门

排量: 998mL

缸径×冲程: 79mm×50.9mm

压缩比: 12:1

最大功率: 122kW (11 500r/min)

最大扭矩: 112N·m (9 000r/min)

车架型式: 铝合金Deltabox型

外形尺寸(长×宽×高): 2 100mm×800mm× 1 165mm

轴距: 1 405mm

最小离地间隙: 135mm

悬挂系统: (前)Ohlins倒立式电子前叉

(后)Ohlins中置电子减震器/多连杆

制动系统: (前)双盘制动

(后)单盘制动

轮胎规格: (前)120/70 ZR17

(后)190/55 ZR55

座高: 835mm

整备质量: 214kg

燃油箱容积: 17L

参考售价: 219 800元

MT-09SP

发动机型式: 水冷/并列三缸/DOHC/4气门

排量: 890mL

缸径×冲程: 78mm×62.1mm

压缩比: 11.5:1

最大功率: 87.5kW (10 000r/min)

最大扭矩: 93N·m (7 000r/min)

车架型式: 铝合金Deltabox型

外形尺寸(长×宽×高): 2 090mm×795mm× 1 190mm

轴距: 1 430mm

最小离地间隙: 140mm

悬挂系统: (前)KYB直径 41mm倒立式前叉/全可调

(后)Ohlins中置减震器/压缩阻尼、

回弹阻尼可调

制动系统: (前)双盘制动

(后)单盘制动

轮胎规格: (前)120/70 ZR17

(后)180/55 ZR17

座高: 825mm

整备质量: 190kg

燃油箱容积: 14L

参考售价: 139 800元

TRACER 9GT+

发动机型式：水冷/4气门/DOHC/并列三缸
排量：890mL
缸径×冲程：78mm×62.1mm
压缩比：11.5：1
最大功率：87.5kW（10 000r/min）
最大扭矩：93N·m（7 000r/min）
车架型式：铝合金Deltabox型
外形尺寸（长×宽×高）：2 175mm×885mm×1 430mm/1 470mm
轴距：1 500mm
最小离地间隙：135mm
悬挂系统：（前）KYB倒立式KADS电子前叉（后）中置减震器
制动系统：（前）双盘制动（后）单盘制动
轮胎规格：（前）120/70 ZR17（后）180/55 ZR17
座高：820mm/835mm
整备质量：223kg
燃油箱容积：18L
参考售价：154 800元

TRACER 9GT

发动机型式：水冷/4气门/DOHC /并列三缸
排量：890mL
缸径×冲程：78mm×62.1mm
压缩比：11.5：1
最大功率：87.5kW（10 000r/min）
最大扭矩：93N·m（7 000r/min）
车架型式：铝合金Deltabox型
外形尺寸（长×宽×高）：2 175mm×885mm×1 430mm/1 470mm（风挡低位/高位）
轴距：1 500mm
最小离地间隙：135mm
悬挂系统：（前）KYB倒立式KADS电子前叉（后）中置减震器
制动系统：（前）双盘制动（后）单盘制动
轮胎规格：（前）120/70 ZR17（后）180/55 ZR17
座高：820mm/835mm
整备质量：220kg
燃油箱容积：18L
参考售价：139 800元

新款TRACER 9GT外观经过全面更新后，更贴近MT家族的设计语言。动力系统同步升级，搭载与新款MT-09同款的CP3发动机，通过增大行程使排量提升至890mL，最大功率达87.5kW，峰值扭矩93N·m，动力参数较旧款均有提升。

新款新增多项科技配置：全车LED灯组、双TFT仪表、6轴IMU感知系统、4种动力模式、定速巡航、TCS牵引力控制，以及KYB半主动式电子悬挂等。

车架系统采用全新铝合金主车架，较旧款减重4.3kg；后摇臂延长16mm，显著增强高速稳定性。坐垫高度、车把位置及脚踏组件均可进行适应性调节。

NIKEN GT

发动机型式：水冷/DOHC/4气门/并列三缸
排量：847mL
缸径×冲程：78mm×59.1mm
压缩比：11.5：1
最大功率：84.6kW（10 000r/min）
最大扭矩：87.5N·m（8 500r/min）
车架型式：钢铝混合型
外形尺寸（长×宽×高）：2 150mm×885mm×1 425mm
轴距：1 510mm
最小离地间隙：150mm
悬挂系统：（前）倒立式前叉/LMW双轴转向机构（后）中置减震器/预载可调
制动系统：（前）双盘制动（后）单盘制动
轮胎规格：（前）120/70 R15（后）190/55 R17
座高：835mm
整备质量：267kg
燃油箱容积：18L
参考售价：258 000元

R7

发动机型式: 水冷/4气门/DOHC /并列双缸

排量: 689mL

缸径×冲程: 80mm×68.6mm

压缩比: 11.5∶1

最大功率: 54kW (8 750r/min)

最大扭矩: 67N·m (6 500r/min)

车架型式: 钢管型

外形尺寸(长×宽×高): 2 070mm×705mm×
1 160mm

轴距: 1 395mm

最小离地间隙: 135mm

悬挂系统: (前)直径41mm倒立式前叉
(后)中置减震器/多连杆

制动系统: (前)直径298mm双盘制动/对向四活塞
卡钳
(后)单盘制动

轮胎规格: (前)120/70 ZR17
(后)180/55 ZR17

座高: 835mm

整备质量: 188kg

燃油箱容积: 13L

参考售价: 109 800元

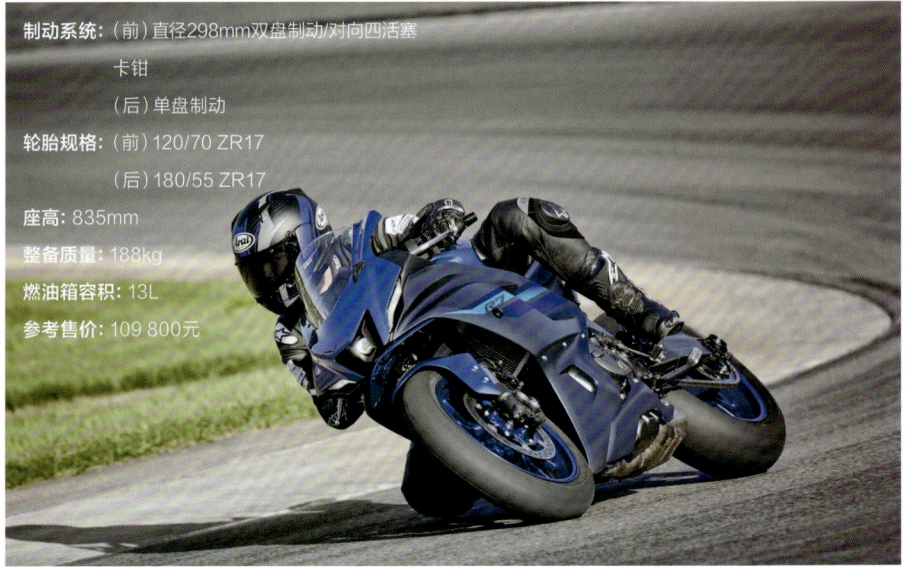

MT-07

发动机型式: 水冷/DOHC/4气门/并列双缸

排量: 689mL

缸径×冲程: 80mm×68.6mm

压缩比: 11.5∶1

最大功率: 54kW (8 750r/min)

最大扭矩: 67N·m (6 500r/min)

车架型式: 钢管式

外形尺寸(长×宽×高): 2 085mm×780mm×
1 105mm

轴距: 1 400mm

最小离地间隙: 140mm

悬挂系统: (前)正立式前叉
(后)中置减震器/多连杆

制动系统: (前)直径298mm双盘制动/对向四活塞
卡钳
(后)直径245mm单盘制动

轮胎规格: (前)120/70 ZR17
(后)180/55 ZR17

座高: 805mm

整备质量: 184kg

燃油箱容积: 14L

参考售价: 109 800元

T700S

发动机型式: 水冷/DOHC /4气门/并列双缸

排量: 689mL

缸径×冲程: 80mm×68.6mm

压缩比: 11.5∶1

最大功率: 54kW (9 000r/min)

最大扭矩: 68N·m (6 500r/min)

外形尺寸(长×宽×高): 2 370mm×905mm×
1 455mm

轴距: 1 595mm

最小离地间隙: 240mm

悬挂系统: (前)倒立式前叉
(后)中置减震器

制动系统: (前)双盘制动
(后)单盘制动

轮胎规格: (前)90/90-21
(后)150/70-18

座高: 875mm

整备质量: 205kg

燃油箱容积: 15L

参考售价: 109 800元

R3

发动机型式: 水冷/4气门/DOHC/并列双缸

排量: 321mL

缸径×冲程: 68mm×44.1mm

压缩比: 11.2:1

最大功率: 30.4kW(10 750r/min)

最大扭矩: 28.4N·m(9 000r/min)

车架型式: 钻石型

外形尺寸(长×宽×高): 2 090mm×730mm×
1 140mm

轴距: 1 380mm

最小离地间隙: 160mm

悬挂系统: (前)直径37mm倒立式前叉
(后)中置减震器

制动系统: (前)盘式制动
(后)盘式制动

轮胎规格: (前)110/70 R17
(后)140/70 R17

座高: 780mm

整备质量: 171kg

燃油箱容积: 14L

参考售价: 43 800元

MT-03

发动机型式: 水冷/DOHC/4气门/并列双缸

排量: 321mL

缸径×冲程: 68mm×44.1mm

压缩比: 11.2:1

最大功率: 30.4kW(10 750r/min)

最大扭矩: 29.2N·m(9 000r/min)

车架型式: 钻石型

外形尺寸(长×宽×高): 2 090mm×755mm×
1 070mm

轴距: 1 380mm

最小离地间隙: 160mm

悬挂系统: (前)直径37mm倒立式前叉
(后)中置减震器

制动系统: (前)盘式制动
(后)盘式制动

轮胎规格: (前)110/70 R17
(后)140/70 R17

座高: 780mm

整备质量: 168kg

燃油箱容积: 14L

参考售价: 39 800元

XMAX TECH MAX

发动机型式: 水冷/SOHC/4气门/单缸

排量: 292mL

缸径×冲程: 70mm×75.9mm

压缩比: 10.9:1

最大功率: 20.6kW(7 250r/min)

最大扭矩: 29N·m(5 750r/min)

外形尺寸(长×宽×高): 2 180mm×795mm×
1 410mm/1 460mm

轴距: 1 540mm

最小离地间隙: 135mm

悬挂系统: (前)正立式前叉
(后)双减震器

制动系统: (前)盘式制动
(后)盘式制动

轮胎规格: (前)120/70-15
(后)140/70-14

座高: 795mm

整备质量: 181kg

燃油箱容积: 13L

参考售价: 49 800元

雅马哈

TMAX560

发动机型式: 水冷/DOHC/4气门/并列双缸

排量: 562mL

缸径×冲程: 70mm×73mm

压缩比: 10.9∶1

最大功率: 35kW (7 500r/min)

最大扭矩: 55N·m (5 250r/min)

外形尺寸 (长×宽×高): 2 195mm×780mm× 1 330mm

轴距: 1 575mm

最小离地间隙: 135mm

悬挂系统: (前) 直径41mm倒立式前叉

(后) 单筒减震器/多连杆

制动系统: (前) 双盘制动/辐射式卡钳

(后) 直径282mm单盘制动

轮胎规格: (前) 120/70 R15

(后) 160/60 R15

座高: 800mm

整备质量: 218kg

燃油箱容积: 15L

参考售价: 139 800元

NMAX155 TCS

发动机型式: 水冷/SOHC/4气门/单缸

排量: 155mL

缸径×冲程: 58mm×58.7mm

压缩比: 11.6∶1

最大功率: 11.3kW (8 000r/min)

最大扭矩: 13.7N·m (6 500r/min)

外形尺寸 (长×宽×高): 1 935mm×740mm× 1 160mm

轴距: 1 340mm

最小离地间隙: 125mm

悬挂系统: (前) 正立式前叉

(后) 双减震器/带气瓶

制动系统: (前) 直径230mm盘式制动

(后) 直径230mm盘式制动

轮胎规格: (前) 110/70-13

(后) 130/70-13

座高: 765mm

整备质量: 132kg

燃油箱容积: 7.1L

参考售价: 27 800元

AREROSPORTS X

发动机型式: 水冷/SOHC/4气门/单缸

排量: 155mL

缸径×冲程: 58mm×58.7mm

压缩比: 11.6∶1

最大功率: 11.3kW (8 000r/min)

最大扭矩: 13.9N·m (6 500r/min)

外形尺寸 (长×宽×高): 1 980mm×700mm× 1 150mm

轴距: 1 350mm

最小离地间隙: 145mm

悬挂系统: (前) 正立式前叉

(后) 双减震器

制动系统: (前) 盘式制动

(后) 鼓式制动

轮胎规格: (前) 110/80-14

(后) 140/70-14

座高: 790mm

整备质量: 126kg

燃油箱容积: 5.5L

参考售价: 25 800元

FTR R 碳纤维版

发动机型式: 水冷/V型双缸

排量: 1 203mL

最大扭矩: 90.3N·m(3 500r/min)

外形尺寸(长×宽×高): 2 223mm×830mm× 1 295mm

轴距: 1 525mm

最小离地间隙: 170mm

悬挂系统: (前)Ohlins直径43mm倒立式前叉/ 全可调/行程120mm

(后)Ohlins侧置减震器/带气瓶/全可 调/行程120mm

制动系统: (前)Brembo直径320mm双浮动盘式 制动/对向四活塞卡钳/弯道ABS

(后)Brembo直径260mm浮动盘式制 动/对向双活塞卡钳/弯道ABS

轮胎规格: (前)120/70 ZR17

(后)180/55 ZR17

座高: 780mm

净质量: 217kg

整备质量: 232kg

燃油箱容积: 12.9L

参考售价: 179 800元

超级酋长限量

Indian® Super Chief® Limited 承袭印第安酋长车型百年基因,配备复古手写油箱徽标与华丽耀眼的镀铬饰面,以经典设计和实用功能相结合,诠释豪华巡航摩托车的全新驾控体验。

发动机型式: 水冷/V型双缸

排量: 1 890mL

最大扭矩: 130N·m(3 900r/min)

外形尺寸(长×宽×高): 2 286mm×1 079mm× 1 203mm

轴距: 1 626mm

最小离地间隙: 125mm

悬挂系统: (前)直径46mm正立式前叉/行程132mm

(后)双减震器/预载可调/行程75mm

制动系统: (前)直径300mm浮动盘式制动/四活塞 卡钳/ABS

(后)直径300mm浮动盘式制动/双活塞 卡钳/ABS

轮胎规格: (前)130/90 B16

(后)180/65 B16

座高: 665mm

净质量: 324kg

整备质量: 335kg

燃油箱容积: 15.1L

参考售价: 269 800元

印第安

复古酋长

发动机型式: 水冷/V型双缸
排量: 1 890mL
最大扭矩: 144.8N·m（2 200r/min）
外形尺寸（长×宽×高）: 2 583mm×1 005mm× 1 439mm
轴距: 1 701mm
最小离地间隙: 142mm
悬挂系统: （前）直径46mm正立式前叉/行程119mm
（后）单减震器/行程114mm
制动系统: （前）直径300mm双浮动盘式制动/四活塞卡钳/ABS
（后）直径300mm浮动盘式制动/双活塞卡钳/ABS
轮胎规格: （前）130/80 B17
（后）180/60 R16
座高: 660mm
净质量: 362kg
整备质量: 375kg
燃油箱容积: 20.8L
参考售价: 329 800元

公路大师 黑马

新款Indian® Roadmaster Dark Horse® 以激进暗黑美学重塑经典。除了冷酷的外观，还配备了一系列豪华的高级功能，以及暗黑涂装的Thunder Stroke® 116发动机，带来强劲动力。

发动机型式: 水冷/V型双缸
排量: 1 890mL
最大扭矩: 143.6N·m（2 200r/min）
外形尺寸（长×宽×高）: 2 593mm×1 000mm× 1 491mm
轴距: 1 668mm
最小离地间隙: 140mm
悬挂系统: （前）直径46mm正立式前叉/行程119mm
（后）单减震器/行程114mm
制动系统: （前）直径300mm双浮动盘式制动/四活塞卡钳/ABS
（后）直径300mm浮动盘式制动/双活塞卡钳/ABS
轮胎规格: （前）130/60 B19
（后）180/60 R16
座高: 673mm
净质量: 389kg
整备质量: 404kg
燃油箱容积: 20.8L
参考售价: 488 000元

公路大师 荣耀典藏版

发动机型式: 水冷/V型双缸

排量: 1 890mL

最大扭矩: 144.8N·m（2 200r/min）

外形尺寸（长×宽×高）: 2 593mm×993mm× 1 492mm

轴距: 1 668mm

最小离地间隙: 140mm

悬挂系统:（前）直径46mm正立式前叉/行程119mm （后）单减震器/行程114mm

制动系统:（前）直径300mm双浮动盘式制动/四活塞 卡钳/ABS （后）直径300mm浮动盘式制动/双活塞 卡钳/ABS

轮胎规格:（前）130/60 B19 （后）180/60 R16

座高: 673mm

净质量: 389kg

整备质量: 403kg

燃油箱容积: 20.8L

参考售价: 598 000元

极速酋长

发动机型式: 水冷/V型双缸

排量: 1 890mL

最大扭矩: 163N·m（2 900r/min）

外形尺寸（长×宽×高）: 2 301mm×842mm× 1 270mm

轴距: 1 640mm

最小离地间隙: 149mm

悬挂系统:（前）直径43mm正立式前叉/行程130mm （后）FOX双减震器/预载可调/行程 100mm

制动系统:（前）Brembo直径320mm双浮动盘式 制动/对向四活塞卡钳/ABS （后）直径300mm浮动盘式制动/双活塞 卡钳/ABS

轮胎规格:（前）130/60 B19 （后）180/65 B16

座高: 686mm

净质量: 302kg

整备质量: 311kg

燃油箱容积: 15.1L

参考售价: 269 800元

印第安

领地黑马

发动机型式：水冷/V型双缸

排量：1 890mL

最大扭矩：143.6N·m（2 200r/min）

外形尺寸（长×宽×高）：2 522mm×1 000mm×
1 261mm

轴距：1 701mm

最小离地间隙：130mm

悬挂系统：（前）直径46mm正立式前叉/行程119mm
（后）单减震器/行程114mm

制动系统：（前）直径300mm双浮动盘式制动/四活塞
卡钳/ABS
（后）直径300mm浮动盘式制动/双活塞
卡钳/ABS

轮胎规格：（前）130/60 B19
（后）180/60 R16

座高：650mm

净质量：341kg

整备质量：355kg

燃油箱容积：20.8L

参考售价：329 800元

首领黑马

发动机型式：水冷/V型双缸

排量：1 890mL

最大扭矩：143.6N·m（2 200r/min）

外形尺寸（长×宽×高）：2 506mm×1 000mm×
1 385mm

轴距：1 668mm

最小离地间隙：130mm

悬挂系统：（前）直径46mm正立式前叉/行程119mm
（后）单减震器/行程114mm

制动系统：（前）直径300mm双浮动盘式制动/四活塞
卡钳/ABS
（后）直径300mm浮动盘式制动/双活塞
卡钳/ABS

轮胎规格：（前）130/60 B19
（后）180/60 R16

座高：650mm

净质量：359kg

整备质量：373kg

燃油箱容积：20.8L

参考售价：419 800元

INDIAN® SCOUT®

发动机型式: 水冷/V型双缸

排量: 1 133mL

最大扭矩: 80.6N·m（5 000r/min）

外形尺寸（长×宽×高）: 2 311mm×880mm× 1 207mm

轴距: 1 562mm

最小离地间隙: 135mm

悬挂系统: （前）正立式前叉/行程120mm

（后）双减震器/行程76mm

制动系统: （前）直径298mm浮动盘式制动/双活塞卡钳/ABS

（后）直径298mm浮动盘式制动/单活塞卡钳/ABS

轮胎规格: （前）130/90 B16

（后）150/80 B16

座高: 649/673mm

净质量: 254kg

整备质量: 264kg

燃油箱容积: 12.5L

参考售价: 179 800元

侦察兵复古鎏金版

发动机型式: 水冷/V型双缸

排量: 1 133mL

最大扭矩: 80.6N·m（5 000r/min）

外形尺寸（长×宽×高）: 2 311mm×880mm× 1 207mm

轴距: 1 562mm

最小离地间隙: 135mm

悬挂系统: （前）正立式前叉/行程120mm

（后）双减震器/行程76mm

制动系统: （前）直径298mm浮动盘式制动/双活塞卡钳/ABS

（后）直径298mm浮动盘式制动/单活塞卡钳/ABS

轮胎规格: （前）130/90 B16

（后）150/80 B16

座高: 643/673mm

净质量: 254kg

整备质量: 264kg

燃油箱容积: 12.5L

参考售价: 156 800元

电动车型篇
ELECTRIC MOTORCYCLE

电斐

FW-03

电机型式: 中置式

额定功率: 3.0kW

最高速度（官方公布值）: 80km/h

电池种类: 锂电池

电池规格: 72V/58Ah

最大功率: 5.0kW

最大扭矩: 32N·m

官方公布理论续航: 120km

外形尺寸（长×宽×高）: 1 734mm×783mm×
1 026mm

轴距: 1 220mm

悬挂系统: （前）正立式前叉
（后）中置减震器

制动系统: （前）盘式制动
（后）盘式制动

轮胎规格: （前）100/90-12
（后）130/90-10

整备质量: 97kg

参考售价: 15 900元起

FW-07

电机型式: 中置式

额定功率: 6kW

最高速度（官方公布值）: 125km/h

电池种类: 锂电池

电池规格: 96V/58Ah

最大功率: 12kW

最大扭矩: 58N·m

官方公布理论续航: 140km

外形尺寸（长×宽×高）: 1 830mm×755mm×
1 095mm

轴距: 1 240mm

悬挂系统: （前）正立式前叉
（后）中置减震器

制动系统: （前）盘式制动/ABS/TCS
（后）盘式制动/ABS/TCS

轮胎规格: （前）110/80-14
（后）140/70-14

参考售价: 25 800元起

E5

电机型式: 中置式
最高速度(官方公布值): 103km/h
电池种类: 锂电池
电池规格: 64V/40Ah
最大功率: 8kW
最大扭矩: 260N·m
官方公布理论续航: 200km(双电匀速40km/h)
外形尺寸(长×宽×高): 1 940mm×760mm× 1 170mm
悬挂系统: (前)正立式前叉
(后)双筒减震器
制动系统: (前)盘式制动/CBS联动
(后)盘式制动/CBS联动
轮胎规格: (前)110/-14
(后)130/-13
整备质量: 130kg
参考售价: 35 800元

E2 Max

电机型式: 中置式
最高速度(官方公布值): 90km/h
电池种类: 锂电池
电池规格: 64V/42Ah(×2)
最大功率: 4.2kW
最大扭矩: 41/165N·m
官方公布理论续航: 200km(双电,匀速30km/h)
外形尺寸(长×宽×高): 1 005mm×760mm× 1 103mm
悬挂系统: (前)正立式前叉
(后)双筒减震器
制动系统: (前)盘式制动/CBS联动
(后)盘式制动/CBS联动

大阳E客

E2 顶配版

电机型式：永磁智步式

最高速度（官方公布值）：90km/h

电池种类：锂电池

电池规格：64V/40Ah

最大功率：4.2kW

最大扭矩：165N·m

官方公布理论续航：200km（双电匀速40km/h）

外形尺寸（长×宽×高）：1 840mm×700mm×
1 110mm

悬挂系统：（前）正立式前叉
（后）双筒减震器

制动系统：（前）盘式制动/CBS联动
（后）盘式制动/CBS联动

参考售价：13 899元起

E1+ 顶配版

电机型式：永磁智步式

最高速度（官方公布值）：90km/h

电池种类：锂电池

电池规格：64V/40Ah

最大功率：4.2kW

最大扭矩：165N·m

官方公布理论续航：140km

外形尺寸（长×宽×高）：1 750mm×645mm×
1 175mm

悬挂系统：（前）正立式前叉
（后）双筒减震器

制动系统：（前）盘式制动/CBS联动
（后）盘式制动/CBS联动

AE4

电机型式: 轮毂式

额定功率: 1.6kW

最高速度(官方公布值): 65km/h

电池种类: 锂电池

电池规格: 74V/27Ah

最大功率: 3.0kW

官方公布理论续航: 80km

外形尺寸(长×宽×高): 1 910mm×743mm× 1 154mm

轴距: 1 340mm

悬挂系统: (前)正立式前叉

(后)5段可调双筒后减震器

制动系统: (前)盘式制动/ABS+TCS

(后)盘式制动/ABS+TCS

轮胎规格: (前)80/90-12

(后)100/80-12

整备质量: 96kg

参考售价: 5 999元

AE8S+MY24

电机型式: 中置水冷式

额定功率: 5.5kW

最高速度(官方公布值): 100km/h

电池种类: 锂电池

电池规格: 69V/32Ah(×2)

最大功率: 12.5kW

最大扭矩: 218N·m

官方公布理论续航: 190km(最大续航)/120km (工况续航)

外形尺寸(长×宽×高): 1 900mm×735mm× 1 090mm

轴距: 1 380mm

悬挂系统: (前)正立式前叉

(后)5段预载可调/回弹阻尼可调/双筒后减震器

制动系统: (前)对向四活塞卡钳/盘式制动/ABS+TCS

(后)盘式制动/ABS+TCS

轮胎规格: (前)100/80-12

(后)120/70-12

整备质量: 133kg

参考售价: 22 180元

极核

AE6

电机型式: 侧挂风冷式

额定功率: 2.5kW

最高速度(官方公布值): 80km/h

电池种类: ATL动力锂电

电池规格: 69V/27Ah

最大功率: 5.5kW

最大扭矩: 160N·m

官方公布理论续航: 100km(等速巡航)/65km
(工况续航)

外形尺寸(长×宽×高): 1 780mm×730mm×
1 090mm

轴距: 1 260mm

悬挂系统: (前)正立式前叉
(后)5段可调双筒后减震器

制动系统: (前)盘式制动/CBS
(后)盘式制动/CBS

轮胎规格: (前)90/90-12
(后)110/70-11

整备质量: 96kg

参考售价: 9 980元

C!TY SPORT

电机型式: 中置式

额定功率: 1.8kW

最高速度(官方公布值): 60km/h

电池种类: 锂电池

电池规格: 60V/32Ah

最大功率: 3.5kW

官方公布理论续航: 70km(工况法)/75km(等速法)

外形尺寸(长×宽×高): 1 925mm×785mm×
1 050mm

轴距: 1 250mm

悬挂系统: (前)倒立式前叉
(后)中置后减震器

制动系统: (前)对向双活塞卡钳/盘式制动
(后)对向双活塞卡钳/盘式制动

轮胎规格: (前)90/90-17
(后)120/70-18

整备质量: 80kg

参考售价: 14 299元

MO1

电机型式: 轮毂式

额定功率: 1.0kW

电池种类: 铅酸电池

电池规格: 60V20Ah

官方公布理论续航: 54km(等速法)

外形尺寸(长×宽×高): 1 555mm×650mm× 1 040mm

轴距: 1 080mm

车架: 双管式车架

座桶空间: 31L

悬挂系统: (前)正立式前叉

(后)双筒减震器/5段可调

制动系统: 前盘后鼓/eTCS

轮胎规格: (前)1.85-8

(后)1.85/80-10

参考售价: 4 199元

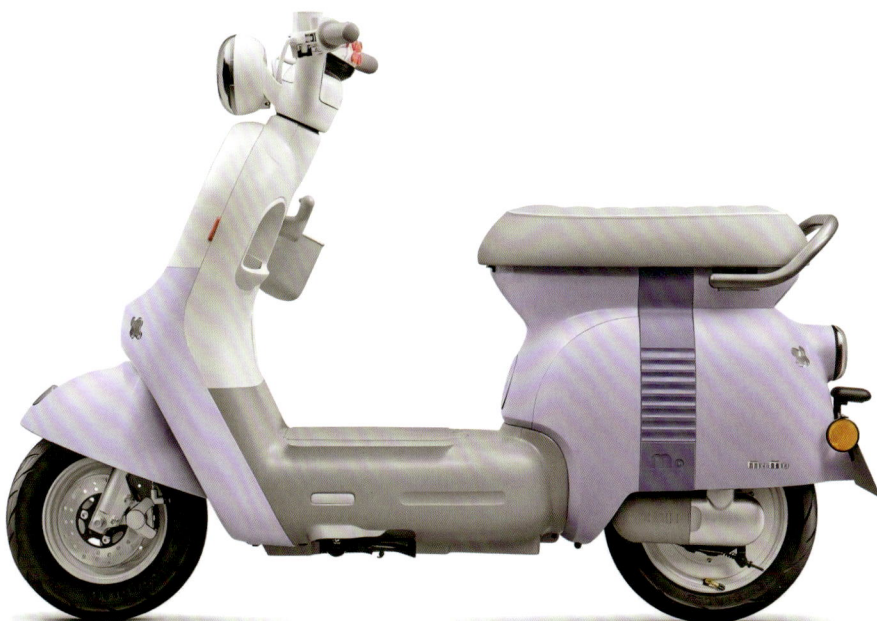

AE5i Pro

电机型式: 轮毂式

额定功率: 1.1kW

最高速度(官方公布值): 47km/h

电池种类: 铅酸电池

电池规格: 72V 28Ah×2

最大功率: 1.7kW

官方公布理论续航: 72km(工况)

100km(等速法)

外形尺寸(长×宽×高): 1 765mm×745mm× 1 090mm

轴距: 1 245mm

车架: 双肩围栏式车架

悬挂系统: (前)正立式减震

(后)双筒减震器/5段可调

制动系统: 前后盘刹/双通道ABS

轮胎规格: (前)80/90-12

(后)3.0-10

参考售价: 7 899元

极核

AE4 Max MY25

电机型式: 轮毂式

额定功率: 1.6kW

最高速度（官方公布值）: 70km/h

电池种类: 铅酸电池

电池规格: 72V32Ah

最大功率: 3.5kW

官方公布理论续航: 70km（工况）

外形尺寸（长×宽×高）: 1 928mm×743mm×
1 134mm

轴距: 1 340mm

车架: 双肩围栏式车架

充电器: 4A铅酸充电器，可选配6A充电器

座桶空间: 31L

悬挂系统:（前）正立式减震器
（后）双筒减震器/5段可调

制动系统: 前后盘刹/eTCS/双通道ABS

轮胎规格:（前）90/90-12
（后）100/80-12

整备质量: 135kg

参考售价: 7 799元

EZ3

电机型式: 轮毂式

额定功率: 1.3kW

最高速度（官方公布值）: 55km/h

电池种类: 铅酸电池

电池规格: 60V/23Ah

最大功率: 1.9kW

官方公布理论续航: 70km（等速法）

外形尺寸（长×宽×高）: 1 730mm×690mm×
1 130 mm

轴距: 1 242mm

悬挂系统:（前）正立式前叉
（后）双筒减震器/5段可调

制动系统:（前）盘式制动/eTCS
（后）鼓式制动

轮胎规格:（前）3.0-10
（后）3.0-10

参考售价: 4 799元

E300P MK2

电机型式: 无刷轮毂式

最高速度(官方公布值): 135km/h

电池种类: ATL动力锂电

电池规格: 74V/28Ah, 标配×2, 可选配×3

最大功率: 29kW

最大扭矩: 350N·m

官方公布理论续航: 125km(混合工况)

外形尺寸(长×宽×高): 1 740mm×675mm× 1 180mm

轴距: 1 245mm

悬挂系统: (前)正立式前叉
(后)氮气瓶双筒减震器

制动系统: (前)直径240mm盘式制动/四活塞辐射式卡钳/ABS+TCS
(后)盘式制动/ABS+TCS

轮胎规格: (前)100/70-12
(后)120/70-12

E200P MK2

电机型式: 轮毂式

最高速度(官方公布值): 100km/h

电池种类: ATL动力锂电

电池规格: 74V/54Ah

最大功率: 15kW

最大扭矩: 305N·m

官方公布理论续航: 150km

外形尺寸(长×宽×高): 1 740mm×675mm× 1 180mm

轴距: 1 245mm

悬挂系统: (前)正立式前叉
(后)氮气瓶双筒后减震器

制动系统: (前)220mm盘式制动/双活塞卡钳/ABS+ TCS
(后)180mm盘式制动/ABS+TCS

轮胎规格: (前)100/70-12
(后)120/70-12

整备质量: 112kg

九号

Q85C

电机型式：无刷轮毂式

额定功率：1.2kW

最高速度（官方公布值）：52km/h

电池种类：铅酸电池

电池规格：72V/23Ah

官方公布理论续航：78km

外形尺寸（长×宽×高）：1 560mm×750mm×
　　　　　　　　　　　　1 075mm

轴距：1 110mm

悬挂系统：（前）正立式前叉
　　　　　　（后）双筒后减震器

制动系统：（前）盘式制动
　　　　　　（后）盘式制动

轮胎规格：（前）3.0-8
　　　　　　（后）80/80-10

参考售价：4 199元

妙享家 C85c

电机型式：无刷轮毂式

额定功率：1.2kW

最高速度（官方公布值）：52km/h

电池种类：（智能碳晶）铅酸电池

电池规格：72V/22Ah

最大功率：3.3kW

官方公布理论续航：92km（一挡36km/h）

外形尺寸（长×宽×高）：1 705mm×705mm×
　　　　　　　　　　　　1 095 mm

轴距：1 245mm

悬挂系统：（前）正立式前叉
　　　　　　（后）双筒减震器

制动系统：（前）盘式制动
　　　　　　（后）盘式制动

轮胎规格：（前）3.0-10
　　　　　　（后）3.0-10

参考售价：5 199元

远航家 M95c+

电机型式: 轮毂式

额定功率: 1.5kW

最高速度（官方公布值）: 55km/h

电池种类: 铅酸电池

电池规格: 72V/32Ah

最大功率: 2.6kW

官方公布理论续航: 100km（三挡55km/h）

外形尺寸（长×宽×高）: 1 900mm×710mm× 1 170mm

悬挂系统:（前）正立式前叉
（后）5段可调双筒后减震器

制动系统:（前）盘式制动
（后）盘式制动

轮胎规格:（前）90/90-12
（后）3.5-10

参考售价: 6 699元

M3 95c MAX

电机型式: 无刷轮毂式

额定功率: 2.2kW

最高速度（官方公布值）: 65km/h

电池种类: 铅酸电池

电池规格: 72V/32Ah

最大功率: 3.3kW

官方公布理论续航: 100km（一挡50km/h）

外形尺寸（长×宽×高）: 1 910mm×715mm× 1 170 mm

悬挂系统:（前）正立式前叉
（后）双筒减震器

制动系统:（前）直径240mm盘式制动/ABS+TCS
（后）直径180mm盘式制动/ABS+TCS

轮胎规格:（前）90/90-12
（后）110/70-12

参考售价: 7 099元

九号

E125 MK2

电机型式: 无刷轮毂式

额定功率: 2.7kW

最高速度（官方公布值）: 70km/h

电池种类: 锂电池

电池规格: 72V/27Ah

最大功率: 3.6kW

官方公布理论续航: 55km（50km/h）

外形尺寸（长×宽×高）: 1 755mm×695mm×
1 125mm

轴距: 1 255mm

悬挂系统: （前）正立式前叉
（后）双筒减震器

制动系统: （前）直径220mm盘式制动/ABS
（后）直径200mm盘式制动/ABS

轮胎规格: （前）90/80-12
（后）110/70-12

E300P

电机型式: 无刷轮毂式

最高速度（官方公布值）: 135km/h

电池种类: ATL动力锂电

电池规格: 2 000Wh /74V/ 27Ah标配双电，
可配置三电

最大功率: 20kW

官方公布理论续航: 120km

外形尺寸（长×宽×高）: 1 860mm×695mm×
1 190mm

轴距: 1 360mm

悬挂系统: （前）正立式前叉
（后）氮气瓶双筒后减震器

制动系统: （前）四活塞辐射式卡钳/直径240mm
盘式制动/ABS+TCS
（后）盘式制动/ABS+TCS

轮胎规格: （前）100/70-12
（后）120/70-12

整备质量: 136kg

参考售价: 26 599元

N90C

电机型式: 轮毂式

最高速度(官方公布值): 47km/h

电池种类: 铅酸电池

电池规格: 60V/24Ah

最大功率: 1.2kW

官方公布理论续航: 85km

外形尺寸(长×宽×高): 1 885mm×675mm×
1 085mm

轴距: 1 350mm

悬挂系统: (前)正立式前叉
(后)可调双筒后减震器

制动系统: (前)盘式制动
(后)盘式制动

参考售价: 5 499元

E110L

电机型式: 无刷轮毂式

额定功率: 1.8kW

最高速度(官方公布值): 62km/h

电池种类: 动力锂电池

电池规格: 72V/24 Ah

官方公布理论续航: 110km

悬挂系统: (前)正立式前叉
(后)双筒后减震器

制动系统: (前)盘式制动
(后)盘式制动

虬龙

极蜂（3C 全地形版）

电机型式: 中置永磁同步式
最高速度（官方公布值）: 90km/h
电池种类: 三元锂电池
电池规格: 74V/55Ah
最大功率: 12.5kW
最大扭矩: 440N·m
官方公布理论续航: 100km（50km/h等速）
外形尺寸（长×宽×高）: 2 060mm×880mm× 1 178mm
轴距: 1 380mm
悬挂系统: （前）倒立式前叉
（后）中置后减震器
制动系统: （前）盘式制动/SRCS
（后）盘式制动/SRCS
轮胎规格: （前）90/90-19
（后）120/80-18
整备质量: 93kg
参考售价: 23 800元

暴蜂

电机型式: 中置永磁同步式
最高速度（官方公布值）: 110km/h
电池种类: 三元锂电池
电池规格: 104V/55Ah
最大功率: 22.5kW
最大扭矩: 520N·m
官方公布理论续航: 120km（50km/h等速）
外形尺寸（长×宽×高）: 2 030mm×825mm× 1 180mm
轴距: 1 430mm
悬挂系统: （前）倒立式可调前叉
（后）氮气瓶中置可调后减震器
制动系统: （前）盘式制动/SRTC
（后）盘式制动/SRTC
轮胎规格: （前）110/70-17
（后）140/60-17
整备质量: 135kg
参考售价: 30 000元

轻蜂（3C版）

电机型式： 中置无刷永磁式

额定功率： 4.0kW

最高速度（官方公布值）： 75km/h

电池种类： 锂电池

电池规格： 60V/40Ah

最大功率： 6.0kW

最大扭矩： 250N·m

官方公布理论续航： 75km（40km/h等速）

外形尺寸（长×宽×高）： 1 885mm×780mm× 1 080mm

轴距： 1 255mm

悬挂系统： （前）倒立式前叉
（后）中筒后减震器

制动系统： （前）盘式制动
（后）盘式制动

轮胎规格： （前）70/100-19
（后）70/100-19

整备质量： 58kg

参考售价： 21 980元

幼蜂

电机型式： 纵置式

最高速度（官方公布值）： 55km/h

电池种类： 锂电池

电池规格： 50.4V/25 Ah

最大功率： 5.0kW

最大扭矩： 159N·m

官方公布理论续航： 50km（等速40km/h）

外形尺寸（长×宽×高）： 1 500mm×885mm× 680mm

轴距： 1 035mm

悬挂系统： （前）双可调倒立式前叉
（后）双可调中置后减震器

制动系统： （前）直径160mm盘式制动/对向双活塞卡钳
（后）直径180mm盘式制动/对向双活塞卡钳

轮胎规格： （前）60/100-14
（后）70/100-12

整备质量： 38kg（小轮版）

森蓝

E-RT3

电机型式: 中置式
最高速度(官方公布值): 120km/h
电池种类: 锂电池
电池规格: 72V/96Ah
最大功率: 17kW
官方公布理论续航: 220km
外形尺寸(长×宽×高): 2 165mm×767mm×
　　　　　　　　　　　 1 395mm
轴距: 1 545mm
悬挂系统: (前)正立式前叉
　　　　　　 (后)双筒后减震器

制动系统: (前)盘式制动/ABS
　　　　　　 (后)盘式制动/ABS
轮胎规格: (前)120/70-15
　　　　　　 (后)140/60-14
整备质量: 207kg
参考售价: 39 800元

B1 蓝调

电机型式: 轮毂式
最高速度(官方公布值): 52km/h
电池种类: 锂电池
电池规格: 60V/26Ah
最大功率: 2.4kW
最大扭矩: 125N·m
官方公布理论续航: 58km(工况)/105km(20km/h
　　　　　　　　　　　 等速)
外形尺寸(长×宽×高): 1 895mm×680mm×
　　　　　　　　　　　 1 022mm
轴距: 1 235mm
悬挂系统: (前)正立式前叉
　　　　　　 (后)双筒后减震器

制动系统: (前)鼓式制动
　　　　　　 (后)鼓式制动
轮胎规格: (前)2.5-16
　　　　　　 (后)2.75-16
整备质量: 82kg
参考售价: 11 580元

ES5

电机型式: 轮毂式
最高速度(官方公布值): 102km/h
电池种类: 锂电池
电池规格: 60V/31Ah(×2)
最大功率: 8.4kW
最大扭矩: 240N·m
官方公布理论续航: 110~150km
外形尺寸(长×宽×高): 1 900mm×725mm×
　　　　　　　　　　　 1 135mm
轴距: 1 330mm
悬挂系统: (前)正立式前叉
　　　　　　 (后)双筒后减震器
制动系统: (前)盘式制动/ABS
　　　　　　 (后)盘式制动/ABS

轮胎规格: (前)110/80-14
　　　　　　 (后)1 300/60-13
净质量: 108kg
参考售价: 27 800元

O2 氧

电机型式： 轮毂式

最高速度（官方公布值）： 52km/h

电池种类： 锂电池

电池规格： 60V/24Ah

最大功率： 1.5kW

最大扭矩： 80N·m

官方公布理论续航： 55km（工况）/80km（20km/h 等速）

外形尺寸（长×宽×高）： 1 740mm×730mm× 1 070mm

轴距： 1 250mm

悬挂系统：（前）正立式前叉
（后）双筒后减震器

制动系统：（前）盘式制动
（后）盘式制动

轮胎规格：（前）3.0-10
（后）3.5-10

整备质量： 84kg

参考售价： 12 988元

Z1 极刻

电机型式： 中置式

最高速度（官方公布值）： 70km/h

电池种类： 锂电池

电池规格： 72V/26Ah

最大功率： 4.0kW

最大扭矩： 200N·m

官方公布理论续航： 70km（工况）/100km（20km/h 等速）

外形尺寸（长×宽×高）： 1 760mm×810mm× 1 000mm

轴距： 1 265mm

悬挂系统：（前）倒立式前叉
（后）中置后减震器

制动系统：（前）盘式制动
（后）盘式制动

轮胎规格：（前）110/70-12
（后）120/70-12

整备质量： 100kg

参考售价： 15 800元（玩家版）

台铃

超能 S 非凡宗师

电机型式: 轮毂式

电池种类: 铅酸电池

电池规格: 96V/52Ah

最大功率: 2.5kW

官方公布理论续航: 200km

悬挂系统:（前）正立式前叉

（后）双筒后减震器

制动系统:（前）直径320mm盘式制动/ABS+TCS

（后）盘式制动/ABS+TCS

轮胎规格:（前）90/90-12

（后）90/90-12

超跑冒险家

电机型式: 轮毂式

额定功率: 3.0kW

最高速度（官方公布值）: 85km/h

电池种类: 三元锂电池

电池规格: 72V/33Ah（2）

最大功率: 5.0kW

最大扭矩: 150N·m

官方公布理论续航: 100km

外形尺寸(长×宽×高): 1 860mm×765mm×
1 150mm

轴距: 1 360mm

悬挂系统:（前）正立式前叉

（后）双筒后减震器

制动系统:（前）盘式制动/CBS

（后）盘式制动/CBS

轮胎规格:（前）100/80-12

（后）120/70-12

参考售价: 10 999元

超跑 F1

电机型式: 轮毂式

最高速度(官方公布值): 110km/h

电池种类: 三元锂电池

电池规格: 72V/28Ah(最大可三电并联)

最大功率: 5.0kW

最大扭矩: 197N·m

官方公布理论续航: 150km

外形尺寸(长×宽×高): 1 940mm×722mm× 1 110mm

轴距: 1 375mm

悬挂系统: (前)正立式前叉
(后)双筒后减震器

制动系统: (前)盘式制动/ABS+TCS
(后)盘式制动/ABS+TCS

轮胎规格: (前)100/80-12
(后)120/70-12

火眼机甲 3 封神

电机型式: 轮毂式

最高速度(官方公布值): 70km/h

电池种类: 蓝鲸动力电池

电池规格: 72V/38Ah

最大功率: 3.0kW

官方公布理论续航: 150km

外形尺寸(长×宽×高): 1 900mm×690mm× 1 240mm

轴距: 1 340mm

悬挂系统: (前)正立式前叉
(后)5段可调双筒后减震器

制动系统: (前)盘式制动/CBS+TCS
(后)盘式制动/CBS+TCS

轮胎规格: (前)90/80-11
(后)90/80-11

参考售价: 5 299元

五羊-本田

e-POP

电机型式: 永磁轮毂式
额定功率: 800W
最高速度(官方公布值): 52 km/h
电池种类: 铅酸电池
电池规格: 12V/20Ah(单体)(6) 72V/120Ah(总)
最大功率: 1.2kW
最大扭矩: 13N·m
官方公布理论续航: 70km
外形尺寸(长×宽×高): 1 730mm×700mm× 1 050mm
轴距: 1 240mm
悬挂系统: (前)正立式前叉 (后)双筒减震器
制动系统: (前)直径180mm盘式制动 (后)鼓式制动
轮胎规格: (前)80/100-10 (后)80/100-10
整备质量: 99kg

e-SCR

电机型式: 永磁轮毂式
额定功率: 800W
最高速度(官方公布值): 52 km/h
电池种类: 铅酸电池
电池规格: 12V/20Ah(单体)(6) 72V/120Ah(总)
最大功率: 1.2kW
最大扭矩: 13 N·m
外形尺寸(长×宽×高): 1 760mm×675mm× 1 094mm
轴距: 1 235mm
悬挂系统: (前)正立式前叉 (后)双筒减震器
制动系统: (前)直径180mm盘式制动 (后)鼓式制动
轮胎规格: (前)3.0-12 (后)3.0-10
整备质量: 100kg

U-GO GT

电机型式：永磁轮毂式

额定功率：4.0kW

最高速度（官方公布值）：86km/h

电池种类：锂电池

电池规格：96V（48V×2）/30Ah

最大功率：5.0kW

最大扭矩：188N·m

官方公布理论续航：150 km（25km/h匀速）

外形尺寸（长×宽×高）：1 790mm×755mm×
1 070mm

轴距：1 300mm

悬挂系统：（前）正立式前叉
（后）双筒减震器

制动系统：（前）盘式制动
（后）盘式制动

轮胎规格：（前）90/90-12
（后）110/70-12

整备质量：108kg

参考售价：19 900元

NEW U-GO

电机型式：永磁轮毂式

额定功率：1.8kW

最高速度（官方公布值）：65km/h

电池种类：锂电池

电池规格：72V/20Ah

最大功率：2.3kW

最大扭矩：22 N·m

官方公布理论续航：63km

外形尺寸（长×宽×高）：1 790mm×680mm×
1 080mm

轴距：1 300mm

悬挂系统：（前）正立式前叉
（后）双筒减震器

制动系统：（前）盘式制动
（后）鼓式制动

轮胎规格：（前）90/90-12
（后）100/90-10

整备质量：83kg

参考售价：7 999元

小牛

RQi

电机型式：中置式

最高速度（官方公布值）：100km/h

电池种类：锂电池

电池规格：72V/72Ah

最大功率：18kW

最大扭矩：450N·m

官方公布理论续航：119km

悬挂系统：（前）倒立式前叉

（后）中置后减震器

制动系统：（前）盘式制动/ABS+TCS

（后）盘式制动/ABS+TCS

参考售价：29 980元

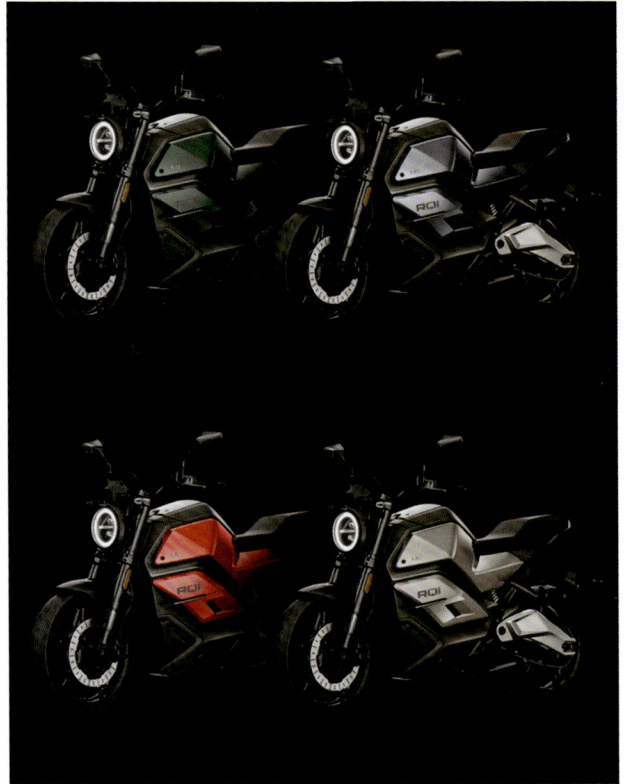

NX Hyper

电机型式：轮毂式

额定功率：10kW

最高速度（官方公布值）：135km/h（Boost模式）

电池种类：锂电池

电池规格：72V/28Ah（×3）

最大功率：29kW

最大扭矩：350N·m

官方公布理论续航：178km

外形尺寸（长×宽×高）：1 860mm×745mm×

1 135mm

悬挂系统：（前）氮气瓶/倒立式前叉

（后）双氮气瓶/多项可调/双筒后减震器

制动系统：（前）对向四活塞辐射式卡钳/直径

240mm盘式制动/ABS+TCS

（后）直径220mm盘式制动/ABS+TCS

轮胎规格：（前）100/70-12

（后）120/70-12

参考售价：29 800元

NX Ultra

电机型式: 轮毂式

额定功率: 5kW

最高速度(官方公布值): 115km/h(Boost模式)

电池种类: 锂电池

电池规格: 72V/28Ah(×2)

最大功率: 16kW

官方公布理论续航: 130km

外形尺寸(长×宽×高): 1 860mm×745mm×
1 135mm

悬挂系统: (前)倒立式前叉
(后)双筒后减震器

制动系统: (前)直径240mm盘式制动/ABS+TCS
(后)直径200mm盘式制动/ABS+TCS

轮胎规格: (前)100/80-12
(后)120/70-12

参考售价: 19 800元

FX Pro Play

电机型式: 轮毂式

额定功率: 1.5kW

最高速度(官方公布值): 55km/h

电池种类: 铅酸电池

电池规格: 72V/45Ah

最大功率: 2.5kW

官方公布理论续航: 130km

外形尺寸(长×宽×高): 1 980mm×710mm×
1 115mm

悬挂系统: (前)正立式前叉
(后)5段可调双筒后减震器

制动系统: (前)直径220mm盘式制动/TCS
(后)直径200mm盘式制动/TCS

小牛

N Play

电机型式: 轮毂式

额定功率: 1.2kW

最高速度(官方公布值): 52km/h

电池种类: 铅酸电池

电池规格: 72V/23Ah

最大功率: 2.0kW

最大扭矩: 112N·m

官方公布理论续航: 48~65km

悬挂系统: (前)正立式前叉

(后)双筒后减震器

制动系统: (前)直径220mm盘式制动

(后)直径180mm盘式制动

轮胎规格: (前)90/90-12

(后)90/90-12

参考售价: 4 499元

X3

电机型式: 中置式

额定功率: 4.0kW

最高速度(官方公布值): 75km/h

电池种类: 锂电池

电池规格: 72V/32Ah

最大功率: 8.0kW

最大扭矩: 357N·m

官方公布理论续航: 116km

悬挂系统: (前)预载、回弹可调/倒立式前叉

(后)预载、回弹可调/倒立式前叉/中置后

减震

制动系统: (前)直径220mm盘式制动

(后)直径203mm盘式制动

参考售价: 24 980元

冠能星舰 S80（旗舰版）

电机型式：轮毂式

额定功率：3.0kW

最高速度（官方公布值）：85km/h

电池种类：锂电池

电池规格：72V/50Ah

最大功率：4.9kW

最大扭矩：150N·m

外形尺寸（长×宽×高）：1 910mm×770mm×
　　　　　　　　　　　1 150mm

悬挂系统：（前）正立式前叉
　　　　　（后）双筒后减震器

制动系统：（前）直径240mm盘式制动/ABS+TCS
　　　　　（后）直径220mm盘式制动/ABS+TCS

轮胎规格：（前）90/90-12
　　　　　（后）110/70-12

参考售价：11 999元

冠能 T60（旗舰版）

电机型式：轮毂式

额定功率：1.5kW

最高速度（官方公布值）：61km/h

电池种类：铅酸电池

电池规格：72V/38Ah

外形尺寸（长×宽×高）：1 830mm×720mm×
　　　　　　　　　　　1 080mm

悬挂系统：（前）正立式前叉
　　　　　（后）双筒后减震器

制动系统：（前）盘式制动/TCS
　　　　　（后）盘式制动/TCS

轮胎规格：（前）3.0-10
　　　　　（后）3.0-10

参考售价：4 531元

雅迪

冠能 Q50（旗舰版）

电机型式: 轮毂式
额定功率: 0.6kW
最高速度（官方公布值）: 45km/h
电池种类: 铅酸电池
外形尺寸（长×宽×高）: 1 530mm×675mm×1 090mm
悬挂系统: （前）正立式前叉
（后）双筒后减震器
制动系统: （前）盘式制动/TCS
（后）鼓式制动/TCS
轮胎规格: （前）3.0-8
（后）2.75-10
参考售价: 3 840元

冠能 M85

电机型式: 轮毂式
额定功率: 1.2kW
最高速度（官方公布值）: 52km/h
电池种类: 铅酸电池
电池规格: 72V/25Ah
最大扭矩: 105N·m
外形尺寸（长×宽×高）: 1 720mm×720mm×1 255mm
悬挂系统: （前）正立式前叉
（后）双筒后减震器
制动系统: （前）盘式制动/TCS
（后）盘式制动/TCS
参考售价: 4 631元

冠能 6 代 Q50 草莓熊款

电机型式：轮毂式
额定功率：0.6kW
最高速度（官方公布值）：45km/h
电池种类：铅酸电池
外形尺寸（长×宽×高）：1 530mm×675mm×
　　　　　　　　　　　　1 070mm
悬挂系统：（前）正立式前叉
　　　　　　（后）双筒后减震器
制动系统：（前）盘式制动
　　　　　　（后）鼓式制动
轮胎规格：（前）3.0-8
　　　　　　（后）2.75-10
参考售价：4 440元

冠能 E80（性能版）

电机型式：轮毂式
额定功率：1.5kW
最高速度（官方公布值）：55km/h
电池种类：铅酸电池
电池规格：72V/38Ah
外形尺寸（长×宽×高）：1 910mm×750mm×
　　　　　　　　　　　　1 140mm
悬挂系统：（前）正立式前叉
　　　　　　（后）双筒后减震器
制动系统：（前）盘式制动/TCS
　　　　　　（后）盘式制动/TCS
轮胎规格：（前）90/90-12
　　　　　　（后）3.5-10
参考售价：5 831元

冠能奢享 Q9 典藏版

电机型式：轮毂式
最高速度（官方公布值）：55km/h
电池种类：铅酸电池
电池规格：72V/26Ah
外形尺寸（长×宽×高）：1 640mm×710mm×
　　　　　　　　　　　　1 030mm
悬挂系统：（前）正立式前叉
　　　　　　（后）双筒后减震器
制动系统：（前）盘式制动
　　　　　　（后）鼓式制动
轮胎规格：（前）3.0-10
　　　　　　（后）3.0-10

小刀

甜甜圈

电机型式: 轮毂式
电池种类: 铅酸电池
电池规格: 60V/20Ah
外形尺寸(长×宽×高): 1 650mm×700mm×
1 030mm
轴距: 1 140mm
悬挂系统: (前)正立式前叉
(后)双筒后减震器
制动系统: (前)盘式制动
(后)鼓式制动

轮胎规格: (前)3.0-8
(后)80/70-10

大牌极速版

电机型式: 轮毂式
电池种类: 铅酸电池
电池规格: 72V/35Ah
外形尺寸(长×宽×高): 1 800mm×690mm×
1 050mm
轴距: 1 255mm
悬挂系统: (前)正立式前叉
(后)双筒后减震器

制动系统: (前)直径220mm双盘
式制动/TCS
(后)盘式制动/TCS
轮胎规格: (前)3.5-10
(后)3.0-10
参考售价: 4 299元

青蜂侠

电机型式: 轮毂式
最高速度(官方公布值): 54km/h
电池种类: 铅酸电池
电池规格: 72V/32Ah
官方公布理论续航: 80km
外形尺寸(长×宽×高): 1 745mm×730mm×
1 075mm
轴距: 1 240mm
悬挂系统: (前)正立式前叉
(后)双筒后减震器
制动系统: (前)盘式制动
(后)盘式制动

轮胎规格: (前)90/80-12
(后)3.0-10
参考售价: 5 199元

S70-pro

电机型式: 液冷轮毂式
额定功率: 3.0kW
最高速度(官方公布值): 80km/h
电池种类: 三元锂电池
电池规格: 72V/60Ah
最大功率: 5.0kW
最大扭矩: 220N·m
官方公布理论续航: 160km(50km/h等速)
外形尺寸(长×宽×高): 1 850mm×710mm×
1 190mm
悬挂系统: (前)正立式前叉
(后)双筒后减震器
制动系统: (前)直径220mm盘式制动/CBS
(后)直径200mm盘式制动/CBS
轮胎规格: (前)12英寸半热熔
(后)12英寸半热熔
整备质量: 110kg

S90s

电机型式: 液冷轮毂式
额定功率: 2.0kW
最高速度(官方公布值): 65km/h
电池种类: 石墨烯电池
电池规格: 72V/35Ah
最大功率: 5.0kW
最大扭矩: 200N·m
官方公布理论续航: 100km
外形尺寸(长×宽×高): 1 850mm×710mm×
1 190mm
悬挂系统: (前)正立式前叉
(后)双筒后减震器
制动系统: (前)直径220mm盘式制动
(后)直径200mm盘式制动
参考售价: 6 599元

绿源

电机型式： 液冷轮毂式

额定功率： 1.2kW

最高速度（官方公布值）： 50km/h

电池种类： 石墨烯电池

电池规格： 72V/23Ah

最大扭矩： 145N·m

悬挂系统：（前）正立式前叉

（后）5段可调双筒后减震器

制动系统：（前）直径268mm盘式制动/ABS+TCS

（后）直径180mm盘式制动/ABS+TCS

参考售价： 4 199元

Moda8

电机型式： 液冷轮毂式

额定功率： 1.0kW

最高速度（官方公布值）： 51km/h

电池种类： 数字化电池

外形尺寸（长×宽×高）： 1 780mm×720mm×
1 120mm

轴距： 1 270mm

悬挂系统：（前）正立式前叉

（后）双筒后减震器

制动系统：（前）盘式制动

（后）盘式制动

参考售价： 4 499元

EVTEKER 01

电机型式: 轮毂式
额定功率: 7kW
最高速度(官方公布值): 110km/h
电池种类: 锂电池
电池规格: 72V/80Ah
最大功率: 17kW
最大扭矩: 235N·m
官方公布理论续航: 210km(25km/h)/工况
180km(50km/h)
外形尺寸(长×宽×高): 1 995mm×780mm×
1 270mm
轴距: 1 400mm

悬挂系统: (前)正立式前叉
(后)16段阻尼可调减震器
制动系统: (前)盘式制动/ABS+TCS
(后)盘式制动/ABS+TCS
轮胎规格: (前)110/70-15
(后)140/60-14
整备质量: 171kg
参考售价: 25 999元

EVTEKER 02MAX

电机型式: 中置式
最高速度(官方公布值): 120km/h
电池种类: 锂电池
电池规格: 96V/49.5Ah
最大功率: 38kW
最大扭矩: 890N·m
官方公布理论续航: 100km(50km/h)
外形尺寸(长×宽×高): 2 100mm×830mm×
1 300mm
悬挂系统: (前)倒立式前叉
(后)中置后减震器

制动系统: (前)盘式制动/ABS+TCS
(后)盘式制动/ABS+TCS
轮胎规格: (前)80/100-21
(后)110/100-18
整备质量: 115kg

EVTEKER 03

电机型式: 轮毂式
额定功率: 3kW
最高速度(官方公布值): 86km/h
电池种类: 锂电池
电池规格: 72V/40Ah
最大功率: 8kW
最大扭矩: 160N·m
官方公布理论续航: 86km(45km/h)
外形尺寸(长×宽×高): 1 863mm×708mm×
1 158mm
悬挂系统: (前)正立式前叉
(后)单筒后减震器
制动系统: (前)盘式制动/ABS+TCS
(后)盘式制动/ABS+TCS

轮胎规格: (前)90/90-12
(后)120/70-12
整备质量: 115kg